きんしゃい有田 珠玉《しゅぎょく》の器《うつわ》紀行

ARITA SELECTIONプロジェクト 編

CCCメディアハウス

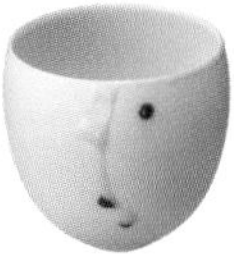

目次

CONTENTS

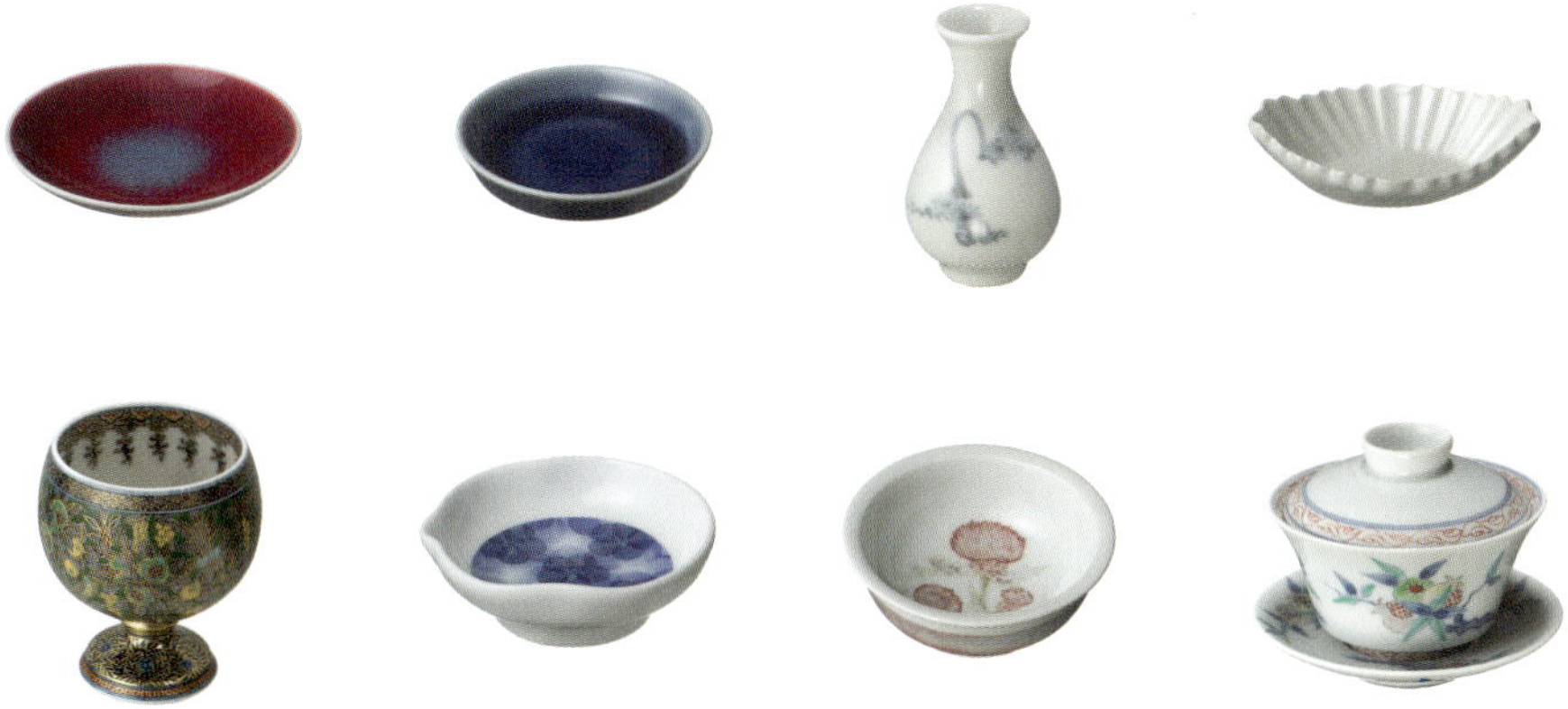

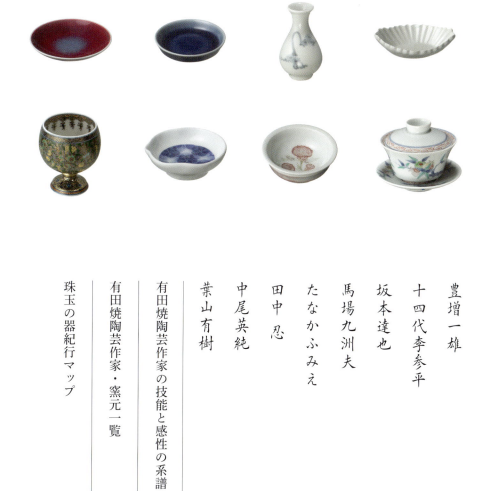

珠玉の器に出合う旅

磁器の産地として最も長い歴史を持つ有田に定期的に通い始め、3年が過ぎた。小学生の頃から親に連れられ、ゴールデンウイークには何度も有田陶器市の賑わいに驚いたが、当時は焼物についての知識も関心もそれほど募ってはいなかった。小さな1枚の皿に目を輝かせる大人の表情に、少し肌寒いものを感じたことを記憶している。こんな小さな焼物に、大人がこれほど熱中するなんて……。子供がやすやすと踏み入ってはいけない世界が、ここにはあるのだと独り合点した。いま、私の眼は、子供の頃の私がかつて大人に見たように、潤み、輝きを増しているに違いない。〝珠玉の器〟を探しているのだ。

今日、私が有田を訪ねる旅のほとんどが仕事を理由にしている。2016年に有田は磁器産地として400年の節目を迎えた。これを機に、佐賀県は有田焼の新たなモノづくりや広報活動に多く取り組んでおり、本書や前書『きんしゃい有田豆皿紀行』の出版もそうした事業の1つである。

有田での仕事の多くは、取材をはじめ、窯元の経営者や職人、陶芸作家に会って話を聞くことである。もうかれこれ、200人以上の窯業《ようぎょう》関係者に会ったと思う。モノづくりの産地で人に会うのは、

INTRODUCTION

楽しい体験である。誰もが朗らかに接してくれるからだ。特に有田はそうだ。なぜ、こんなに明るく楽しく、焼物をつくることを生き生きと話してくれるのだろうか。ずっとそんなことを考えながら、何度も有田に足を運んだ。

本書の取材で出会えたのは、陶芸作家として有田の地で焼物をつくり続けている人たちである。窯元に勤め、決められた焼物づくりに従事し、給料を得ている人たちではない。いつ、何を、どれだけ焼くかを自ら決め、それらが売れて初めて収入を得る人たちなのである。自ら腕を磨き、個性的な表現をとがらせるために試行錯誤することに労を厭わない人たちばかりだ。そうすれば、焼くものが常に一定ではなくなるので、収入が安定しない時期もあると聞く。それでも、焼物の話になると、時間を惜しまずに質問に答えてくれる。発見の喜び、失敗からの学び、大物作家でも、若手の作家でも、そこは変わらない。ついには作家の家族、師弟関係にある者も話の輪に加わり、問わず語りで話題が広がっていく。

私はこの仕事を3年も続けているうちに、こうした有田の陶芸作家やその先人たちがつくった焼物を身の周りに少し置いて暮らすようになった。ただ飾って観賞する焼物ではない。日々の食卓で料理を盛り、一息つく時にお茶を注ぎ、時には庭の小さな草花を生ける焼物である。使うたびに、つくった人たちの表情とともに彼ら彼女らの言葉が蘇ってくる。

一度会って作家とともに語り合った焼物は、使うたびに何度も語りかけてくる。それは絵付も、染付も、白磁も、青磁も変わらない。大胆で勢いのある造形、繊細で気の遠くなるような筆の冴えから再び聞こえてくる、熱く、優しく、健やかなその言葉は、自分だけのもう1つの宝物なのだと感謝する。私にとって珠玉の器とは、そんな語り合う器なのである。皆さんも、ここ有田の地で、一生付き合える珠玉の器に出合ってみませんか？

有田焼創業400年事業　デザインディレクター
意と匠研究所　代表　下川一哉

最上／山間に建つモダンなギャラリー「in blue 暁」
上／空間と作品が呼応するように展示されている
左頁／手前から「青白磁 ぐい呑」「-彩- 盃 二色」

百田暁生

Akio Momota

淡い釉薬を
絵具のようにかけ回し、
投げ塗りしたモダン白磁

百田暁生 | Akio Momota

下／丹念に陶土を捏ねる百田さん
左頁／作風に合うよう、陶土は特上と撰上（えりじょう）の中間ランクをあえて使用

黒牟田《くろむた》地区の山間を歩くと、漆喰を薄く塗られたコンクリート壁が印象的な一階建ての建物が見えてくる。ここは百田暁生さんのギャラリー「ｉｎ ｂｌｕｅ 暁」だ。優しく自然光を受ける窓際の陳列棚には、匠の腕の見せどころとも言える壺作品が点々と並んでいる。

百田さんの匠の冴えは、まず、器の形に表れている。確かなロクロの技で成形した白磁は整ったプロポーションで、生地は薄く、見る者にモダンな印象を与える。そこに載せられた淡い水色の釉薬は、

磁肌にまとわりつくようにかけ回され、群青や紅の釉薬は器から器へと飛び跳ねたように遊んでいる。凛としながら、なんとも優しさを感じる白磁なのである。

百田さんは有田町で商社を営む家に生まれ、子供の頃からたくさんの焼物に囲まれて育った。東京の飲食店に一度就職したものの、数年経つと有田町へ戻り、焼物の仕事に携わる決意をした。父の勧めで日展作家の副島四郎さんに師事した後、現代のロクロの名工と名高い奥川俊右衛門さんにも師事し、ロクロの技術を身に付けた。

「副島先生からは大胆なロクロの回し方を、奥川先生からは緻密で繊細なロクロの回し方を学びました。2人の先生に就いて、焼物は形が大事と強く意識するようになりました。今もずっと形を追い求める日々です」と百田さんは話す。

そうしてたどり着いたのが、形と釉薬とを融合させた作品づくりだ。形を極める一方で、百田さんは釉薬の勉強も行ってきた。その結果、本来、素焼きした生地の表面全体にかける釉薬をまるで絵具のように扱い、釉薬によって模様をつけるという表現方法を編み出した。主に淡い青磁釉を使い、重ね塗りや投げ塗り、ぼかし、削り取りやマスキングなどを駆使して、抽象的な模様を描いていく。

「投げ塗りは、空中で絵を描くようなイメージです。自分の想像どおりに釉薬が流れるように導いたり、削り取ったりします。このように釉薬の発色と流れ方をコントロールしてつくり上げるので、偶然性に任せているように見えて、実は偶然の美は1つもありません」

端正な形の白磁でありながら、温かさや柔らかさを感じるのは、このとろりと載った釉薬が与える効果である。しかし、百田さんはこうも言う。「あくまでも形ありきなので、色が主役にならないようにしたい。その点、青はあまり主張しないのに、見れば見るほど深い色に思えてくるところが魅力。いつのまにか、自然と選んでいた色でした」

今後もさらに形を追求していくと言う百田さん。これまでにない新しい形を生み出し、勝負したいと意気込む。

百田暁生 | Akio Momota

右から「-彩- 盃 一色」「-彩- ぐい呑」「-line- 盃」「-line- ぐい呑」

最上と右／ロクロでまずは陶土を伸ばす
上／ギャラリーでは百田さんの全作品を見られる
左頁・右上／描くように投げかけた水色と藍の釉薬が印象的
左頁・左上／整ったプロポーションに確かな技を見る

百田暁生　略歴

昭和46年　佐賀県有田町に生まれる

平成2年　有田工業高等学校窯業科卒業

平成3年　副島四郎に師事

平成6年　奥川俊右衛門に師事

平成7年　暁窯開窯

平成16年　ドイツ有田陶芸展出品

平成22年　九州山口陶磁展入賞（過去6回入賞・11回入選）

日本伝統工芸展入選（過去11回入選）　ほか入選多数

個展開催／柿傳ギャラリー、日本橋高島屋など

百田暁生 | Akio Momota

百田暁生 | Akio Momota

右頁・上／トマトとキュウリと生ハムとチーズのミルフィーユ仕立て。
高く立体的に盛ると、器の形や色が映える
右頁・下／ライン模様を生かすように中央に盛った、ホウレンソウの胡麻和え
最上／ぐい呑も、フルーツポンチを盛ると表情が変わる
上／盃は豆皿代わりにも使える。ジャガイモのパイ包みを盛って
左／料理をつくった妻とともにギャラリーの前で

中村清吾

Seigo Nakamura

右頁／どっしりとした底部から上部が伸びやかに開いていく独特の形
下／乾燥させた生地を削って整える中村さん

「土に生かされている」
祖父の教えを胸に
作陶に励む

中村清吾 | Seigo Nakamura

右頁／工房の近くを流れる川の底に陶片が落ちているのが見える
上／大物作品も量感のある底部を基にした造形

中村清吾さんの作品の特徴は、何より端正な造形にある。艶やかな白磁も、マットな質感の白磁も、華やかな表情をたたえながらも、重力に逆らわない安定感を備えている。これこそがロクロを挽いてつくる白磁の醍醐味だ。腕の確かさを誇るあまりに、ただ薄く挽くのではない。器の底部はたっぷりと厚く、そこから土を解放するように上部に向かって薄く広がっていく。器を真二つに割った際の断面を意識しながらロクロを挽くという姿勢が、こうした造形を生んでいる。

中村さんの祖父の中村清六さんは、佐賀県重要無形文化財陶芸白磁保持者である。ご多分に洩れず、子供の頃は工房が遊び場だった。高校時代には「普通のサラリーマンに憧れたこともありました」と言うが、高齢になってもなお楽しそうに作陶する祖父の背中を見て育った中村さんは、大学を卒業すると同時に、迷いなく、祖父に弟子入りをした。

「自分はミミズ」。これが祖父の口癖だったと言う。「自分は土に生かされている し、土と一体になって仕事をしている」

中村清吾 | Seigo Nakamura

という意味である。ただし、この言葉を中村さんが真に理解するまでには、長い時間を要した。

きっかけとなったのは数年前だ。食生活の乱れやストレスなどから重度の湿疹を発症し、土を触れなくなってしまった時期がある。ゴム手袋をはめて臨むが、上手く土を練ることができない。治療に1〜2年を要し、ようやく土を触れるようになった時に、「土を触れる、そのありがたさが身に沁みました」と言う。そしてようやく先の祖父の言葉が腑に落ち、視界が晴れて、作陶が楽しくなった。

作品づくりにおいては「ロクロ挽きでしか生まれない厚みやラインを表現したい」と言う。それが量感のある底部から上部に向かって薄く広がる造形へとつながった。「ロクロで薄く軽く挽くことは、確かに腕を競うポイントになるのだけれど、昔のロクロとは違い、現代のロクロでは案外と容易に薄く挽くことができます。だから本当に表現すべきはそこではなく、ロクロ挽きならではの形や魅力だと思っています」

中村さんがつくった器を手に持つと、その柔らかなラインの磁肌が手にしっくりと馴染むのを感じ取れる。縁が薄いので軽やかに見えるが、重心が下にあるので、卓上で器をうっかり倒してしまうことも少ない。使ってみると、非常に理に適った造形であることが分かる。

現在、作品は白磁のみ。白磁は造形力が厳しく問われる分野である。「唯一絶対の形はない。ロクロの原理から生まれる新しい形をこれからも意識して見つけたい」。真っすぐに語る姿が印象的だった。

手前から「白磁小皿」「白磁皿方皿」「白磁皿」

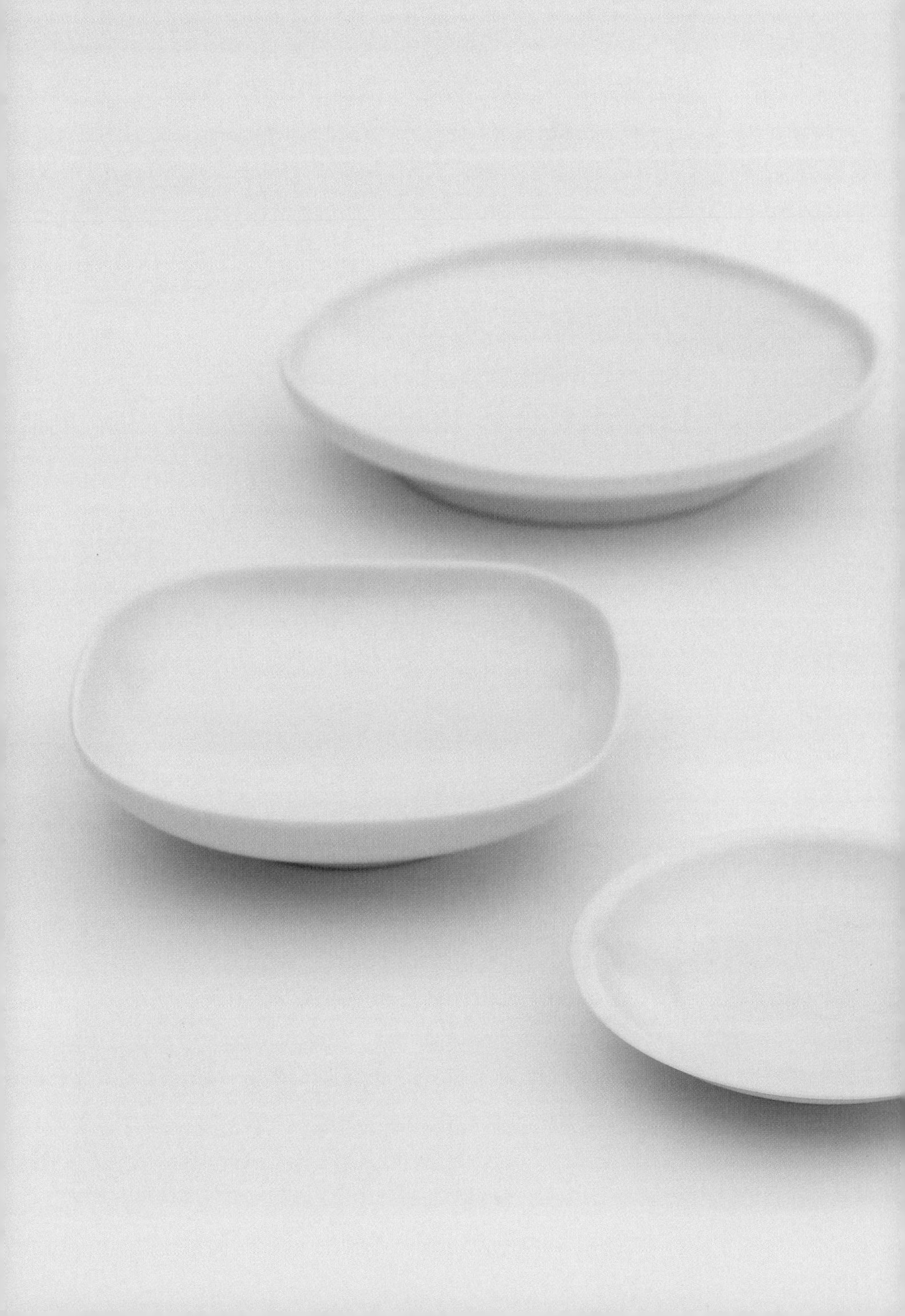

清六窯

伝承

中村清吾 | Seigo Nakamura

中村清吾　略歴

昭和50年　佐賀県重要無形文化財陶芸白磁保持者、
　　　　　中村清六の孫として生まれる

平成10年　九州大学卒業、清六窯にて修行

平成16年　有田陶芸協会会員認定

平成17年　日本伝統工芸展4年連続入選の実績を評価され、
　　　　　日本工芸会正会員認定

平成22年　佐賀銀行文化財団新人賞受賞

平成23年　九州山口陶磁展佐賀新聞社賞受賞
　　　　　西部伝統工芸展・日本伝統工芸展入選　ほか受賞歴多数

右頁・上／清六窯の外観
右頁・下／ギャラリーでは祖父、今も作家として活動する母、中村さんの3代の略歴と作品を紹介

右頁／乾燥させた生地にカンナで彫りを施す奥川さん
右下／主に片切彫りでカラーの花を浮き上がらせる
左下／太めの鉛筆で下書きをしてから彫る

奥川真以子

Maiko Okugawa

右奥「彩青三方まめ皿」、右「彩ピンクカラー文まめ皿」、左「彩ピンク三方まめ皿」

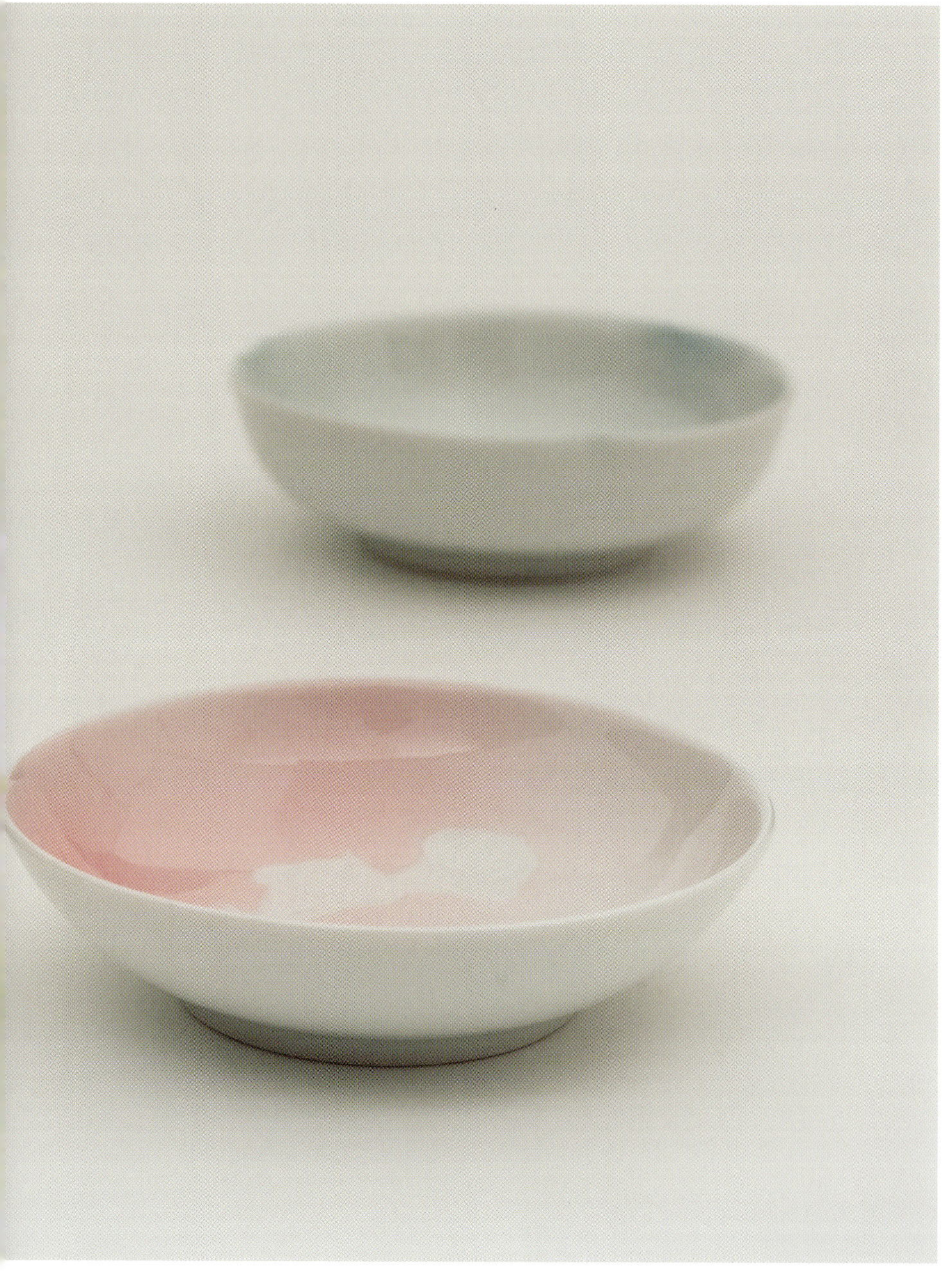

奥川真以子 | Maiko Okugawa

〝ロクロの名工〟と
うたわれた祖父と父の
系統を受け継いで

有田焼の作家系譜を遡ると、初代奥川忠右エ門さんにたどり着く。彼は有田で初めて無形文化財に指定され、大物成形ロクロ師として名を馳せた人物だ。重要無形文化財白磁保持者の井上萬二さんをはじめ、弟子の中から優れた作家を輩出したことでも知られる。そのうちの1人が婿養子となった奥川俊右衛門さんで、奥川真以子さんの父だ。つまり奥川さんは祖父が初代奥川忠右エ門さん、父が奥川俊右衛門さんというロクロの名工の家系に生まれた正統派なのである。

女性らしく優しい表情を浮かべる奥川さんからは、そうした気負いは感じられない。最初は父、俊右衛門さんの跡を継ぐという気持ちはそれほどなかったと言う。しかし三姉妹の長女ということもあり、母のたっての希望から、22歳の時に奥川俊右衛門窯に入ることになった。

最初は窯元の仕事を手伝い、佐賀県立有田窯業大学校を卒業した後に、父、俊右衛門さんに正式に弟子入りした。寡黙な父はただひたすら「見て覚えろ」という昔気質な職人だったと言う。一般的に、ロクロを挽くのは体力面から見て男性に向く仕事である。女性が土を捏ねて、ロクロを挽くのは並大抵のことではない。それでも子供の頃からスポーツが得意で、体力に自信があった奥川さんは、ロクロの技術を着実に習得していった。

父の下で修業を始めて5年が経つと、公募展への出品を勧められた。そこでカラーの花をモチーフにした作品をつくり、九州山口陶磁展で見事、入選を果たした。以後、カラーは奥川さんの作品にたびたび登場するモチーフとなる。

白磁に彫り込まれたカラーは凛として映え、つぼみや花びらに差すピンクや青の色彩は淡く、にじむように優しい階調を浮かべている。元々、自身の表現の対象として長く付き合えるものを探していたところ、自宅近くの畑に咲くカラーに出合った。「カラーは白くてスッとした姿が好き。白磁に彫るのに向いていると思うんです」と言う。作品の多くは彫りの部分にマスキングをして、スプレーで釉薬をかけて表現する。ピンクと青に発色する釉薬は、奥川俊右衛門窯が保持してきたものだが、最近は自身でも釉薬の研究に取り組んでいると言う。「釉薬は薄く、柔らかくかけたい。そうすると彫りが浮き立つし、器としても料理を邪魔しないものになります」と説明する。

祖父と父は白磁を極めたロクロの名工であったが、奥川さんはその系統を受け継ぎながらも「色を積極的に使いたい」と言う。それは「温かな気持ちになれる、柔らかい作品をつくりたい」という思いからだ。女性らしい視点で、白磁のあり方を模索している。

右頁／男性と同じように力強く陶土を捏ねる
右／カンナなどの道具にはピンクのテープを巻いて

奥川真以子 | Maiko Okugawa

奥川真以子 | Maiko Okugawa

右頁／ギャラリーには父、俊右衛門さんと奥川さんの作品が並ぶ
上／奥川俊右衛門窯の外観

奥川真以子　略歴

昭和50年	佐賀県有田町に生まれる
平成12年	佐賀県立有田窯業大学校卒業
	父、奥川俊右衛門に師事
平成17年	九州山口陶磁展入選
平成19年	九州山口陶磁展朝日新聞社賞受賞
	西部工芸展奨励賞受賞
	佐賀県展入選
	日本伝統工芸展入選
平成20年	西部伝統工芸展朝日カルチャーセンター賞受賞
平成22年	有田陶芸協会会員認定
平成24年	日本工芸会正会員認定
平成25年	陶美展入選　　ほか入選多数

下／彫りの方法はすべて自己流
左頁／彫りで幾重にも重なった花の様子を再現

川崎精一

Seiichi Kawasaki

川崎精一 | Seiichi Kawasaki

妖艶な花の魅力を〃彫り〃の陰影で青白磁に再現する

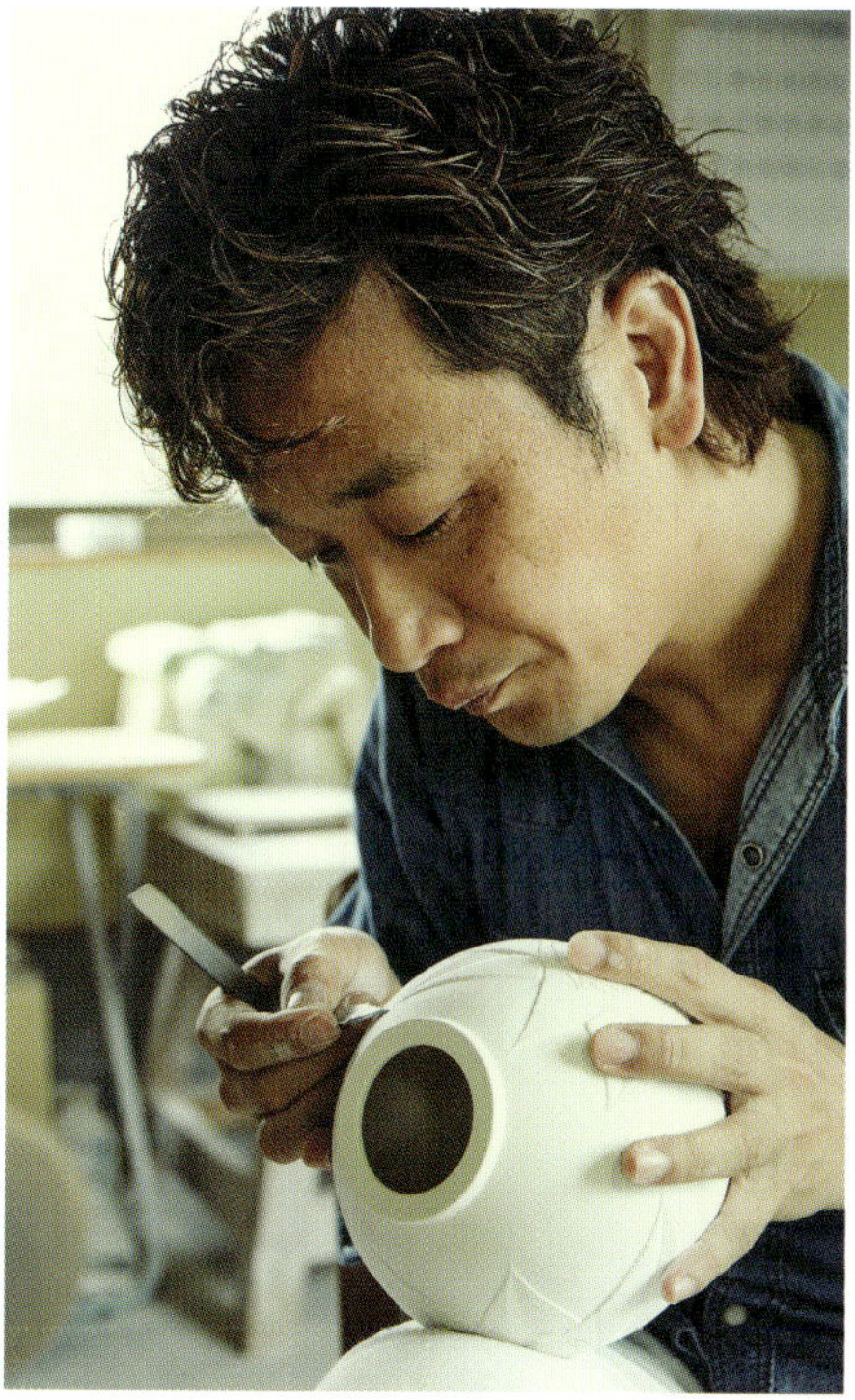

右頁／手前から「百合陰刻皿」「椿陰刻皿」
上／壺に細かな彫りを施す川崎さん

「昔から花が好き。花はきれいで、妖艶で、見ているだけで心が動かされます。まるで女性のような存在」と話す、川崎精一さん。ユリ、バラ、カサブランカ、ツバキなどの花を、写実的に彫り込んだ青白磁の作品を発表している。

川崎さんの作品の特徴は、陰影の妙にあると断言できる。それは影を利用してフォルムを浮かび上がらせる、「陰刻」の技法によってもたらされている。川崎さんは、彫りの角度を工夫することで立体感に強弱を与える。強い立体感を持った彫りは、ただ深く彫ることによってのみ表現されるのではない。時には彫りのセオリーから逸脱し、凹と凸を逆転させることで、強く豊かな陰影に挑むこともある。彫りが施された面に指先で触れると、彫りが予想以上に浅いことに驚かされる。まるで、だまし絵のようで、川崎さんの作品の魅力の1つとなっている。

川崎さんは佐賀県立有田窯業大学校で焼物の基礎を学び、さらに同校で教職員として働いた後、焼物メーカーにデザイナーとして勤めた。そして37歳で独立。

独立するまでの間に、ほぼ独学でロクロ挽きを習得し、また彫りの腕も磨いた。
この作風を確立したのは、教職員をしていた20代半ばの頃だ。きっかけは、校庭で植物をデッサンしていた時のこと。太陽の強い光を目が受け、一瞬、目が眩んだ時があった。景色が薄赤い光に包まれ、植物本来の色が奪われて見えたと言う。その時に「植物の陰影に魅力を感じたんです。これまでいかに色にとらわれて、物を見てきたのかを思い知りました。物の本質にまったく気づいていなかったんです。陰影によって写し出された、植物のたおやかさや妖しげな魅力をどうにか表現したいと思いました」
表現にあたって、最初からこの技法に行き着いたわけではない。染付や釉薬、和紙染めなど様々な技法に挑戦し、また釉薬の色もいろいろ試した。その中で青白磁の中に現れる彫りの陰影が、最も自然でしっくりきたのだと言う。
最近は、白磁にも挑戦している。「もっと奥行きのある彫りを研究したい。また季節の移ろいなど、日本人が持つ情緒を

右頁／カエデは川崎さんがよく用いるモチーフ
右上と左上／糸鋸やカミソリなどの刃を利用して道具を自作することもある

取り入れたい」と表現方法を探求する。

さらに新たなアイテムとして照明器具の制作にも取り組んでいる。それは通常の土に光の透過性の高い長石を混ぜ、従来の作品よりも透明感を高めたものだ。明かりを灯すと、また異なった風情を醸し出す。彫りの花がふわりと浮かび上がり、青白磁はまるで水晶のように輝きを帯びた色みへと変わる。「このように磁器を生活空間に取り入れることを提案していきたいと思っています」。川崎さんの新たな挑戦は尽きることがない。

川崎精一 | Seiichi Kawasaki

青白磁の照明器具に明かりを灯した様子

川崎精一　略歴

昭和50年　佐賀県有田町生まれ
平成8年　佐賀県立有田窯業大学校卒業
平成9年　佐賀美術協会展奨励賞受賞
平成11年　精華窯築窯
平成12年　日本伝統工芸展入選、佐賀美術協会展奨励賞受賞
平成13年　西部工芸展入選
平成14年　九州山口陶磁展第2部産業陶磁器第3位
平成16年　有田陶芸協会ドイツ展出展
平成17年　日本工芸会正会員認定
一水会展一水会賞受賞　ほか受賞多数

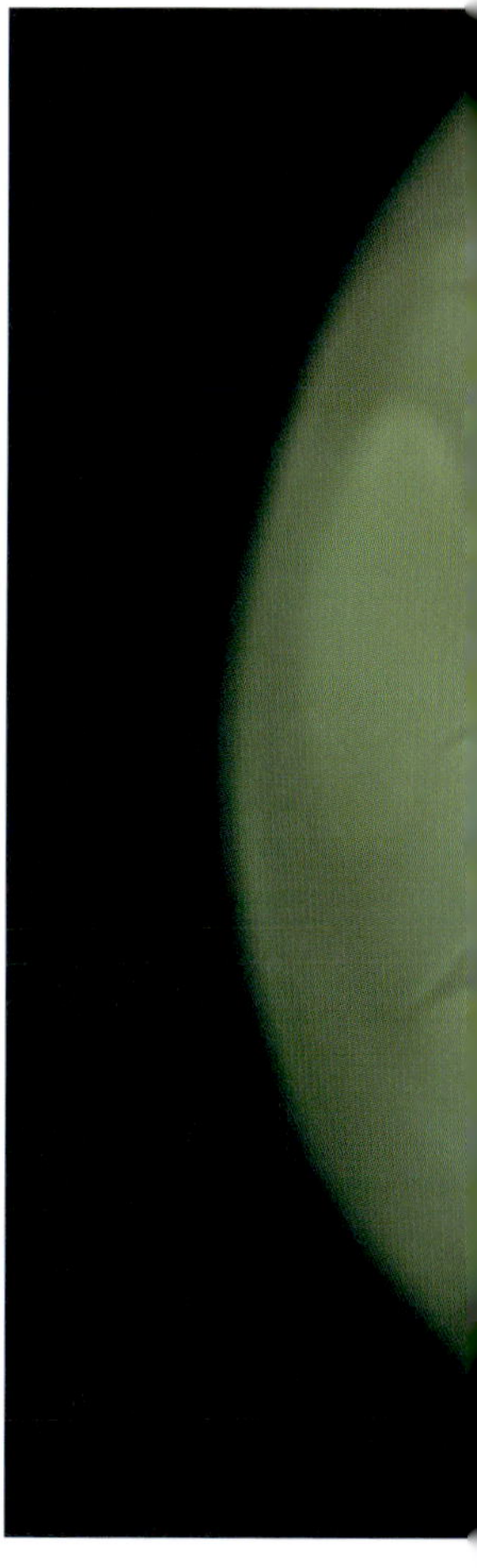

中尾恭純

Yasuzumi Nakao

上／カッターで生地に
切り込みを入れる中尾さん
右／生地を上から見た図
左頁／表面には微細な
切り込みが入れられている

刻み込んだ線と点が印象派の絵画のような趣を生む象嵌

白磁に無数の細い線で描かれた幾何学模様。思わず近づいて見て、その緻密で正確な線を指先で触れてみたくなる。遠く離れて見れば、無数の線は規則的なグラデーションを生む線描として楽しめる。これは中尾恭純さんが「線象嵌《せんぞうがん》」と呼ぶ、独自の表現手法である。

まずロクロで生地を挽き、生地がまだ柔らかいうちにカッターや小刀などで表面に切り込みを入れる。1センチメートルの幅に最多で7本も切り込みを入れるという細かさだ。その後に素焼きをし、表面に呉須などの顔料を載せては拭き取りながら、線のわずかな凹みに顔料を埋め込んでいく。呉須は青、クロムは緑の色を生む。時に白の色を生む顔料を足しては、色に濃淡をつける。

直線や曲線、格子の中に細かい線や模様が入った四方襷《よもだすき》文様などをモチーフにした作品の表面には、線が縦横無尽に走り回り、作品の面や角を空間の中にはっきりと浮かび上がらせるのである。

高校卒業後、中尾さんは家業の中仙窯を継ぎながら、佐賀県窯業試験場（現・佐賀県窯業技術センター）で、重要無形文化財白磁保持者の井上萬二さんにロクロを教わった。同窯は鞘《さや》などの耐火物を製造していた。21歳で中尾さんが継いだ時には借金が残っており、「手っ取り早く稼がなければいけないと思いました。これは勤め人では到底返済できない。幸いにも窯があったので、自分がつくった作品を売るしかないと考えたんです」と、作家になる決意をした当時を振り返る。

窯の特性上、当初は陶器の作品をつくっていたが、「有田の地で作家活動をするなら、磁器の作品をつくった方がいい」と井上さんに助言され、窯を新たに築き、借金をまた抱えた状態での再出発になった。それでも高度経済成長が続く時代で、28歳の時には借金すべてを返済できたというから驚きだ。

「形が良ければ、ほかに何も要らない。これが井上先生の考えです。まさにそのとおりだと思い、ロクロの腕を必死に磨きました。しかし白磁で勝負しても、しょせん井上先生の真似に見られてしまいます。自分にしかできない作品をつくら

中尾恭純｜Yasuzumi Nakao

右頁／点彫を施すための針が付いた道具
下／線の凹みに呉須を埋め込んだ作品

なければと模索しました」と言う。その末にたどり着いたのが線象嵌だった。

もう1つ、中尾さんが編み出した表現手法が「点刻《てんこく》象嵌」である。これは同様の方法で、裁縫に使用する木綿針を使って表面に点彫を施し、顔料を擦り込んだ作品である。点彫で描いた野山などの風景は、まるで印象派の絵画のような趣をたたえる。筆では表現できない模様を表現するために編み出したこれらの手法は、他人が真似しようにもできない繊細さで、見る者に感動を与える。

中尾恭純 | Yasuzumi Nakao

右から「線象嵌小鉢」「線象嵌角小皿(一)」「線象嵌角小皿(二)」

上／点刻象嵌を施した印象派の絵画のような作品
左頁・右／中仙窯の看板

中尾恭純 | Yasuzumi Nakao

中尾恭純　略歴

昭和43年　有田工業高校窯業科卒業
昭和46年　佐賀県窯業試験場にて井上萬二よりロクロ技術を学ぶ
昭和55年　日本工芸会正会員認定
平成20年　九州山口陶磁展第1位（文部科学大臣賞）受賞
平成22年　西日本陶芸美術展陶芸大賞受賞
　　　　　佐賀県美術展覧会佐賀新聞社賞受賞
平成25年　県政功労者佐賀県知事表彰（芸術文化）
平成26年　九州山口陶磁展有田町長賞受賞
平成27年　日本伝統工芸展入選（過去34回目入選）

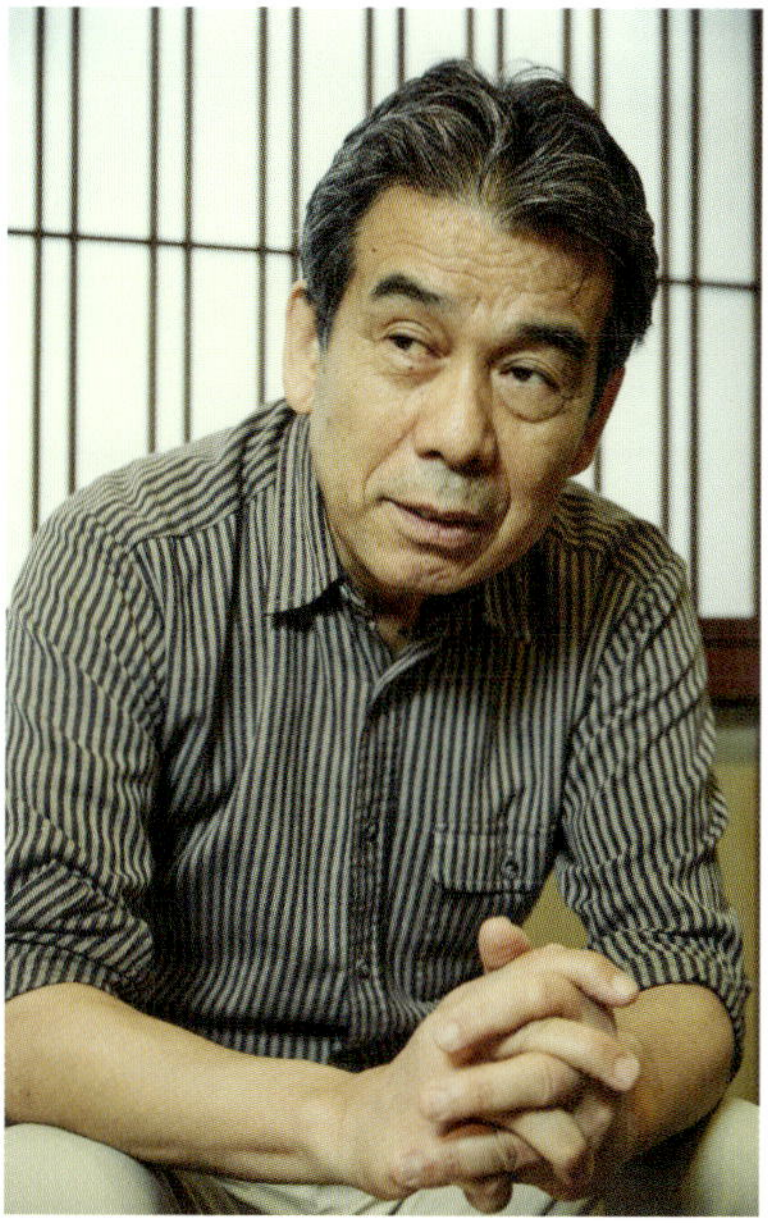

Yasunori Inoue

井上康徳

上／刷毛で削り屑を払い落とす井上さん
左頁／生地の表面を小刀で削って溝を入れる

右から「白磁青釉波文 皿」「白磁花形 皿」

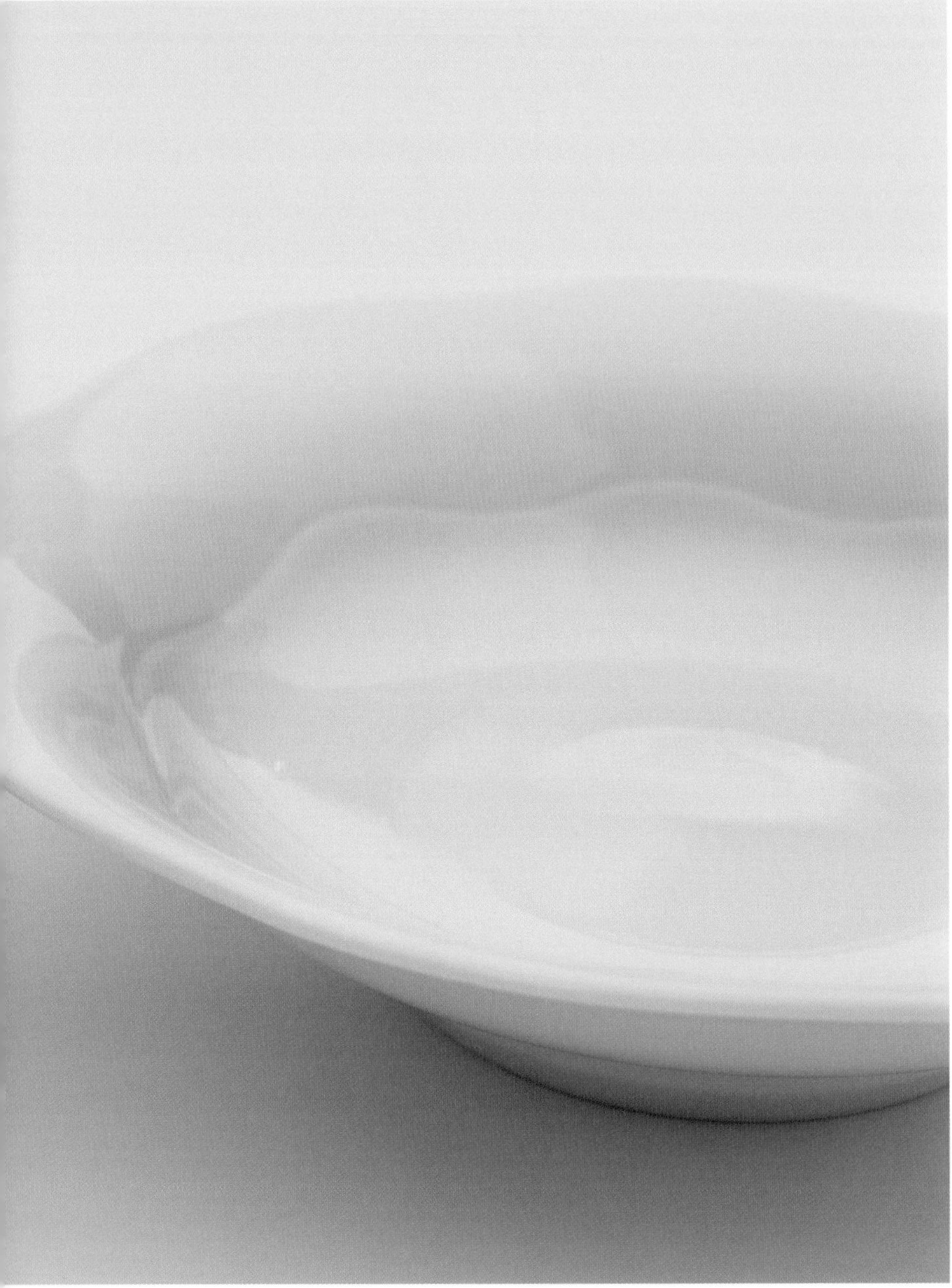

井上康徳 | Yasunori Inoue

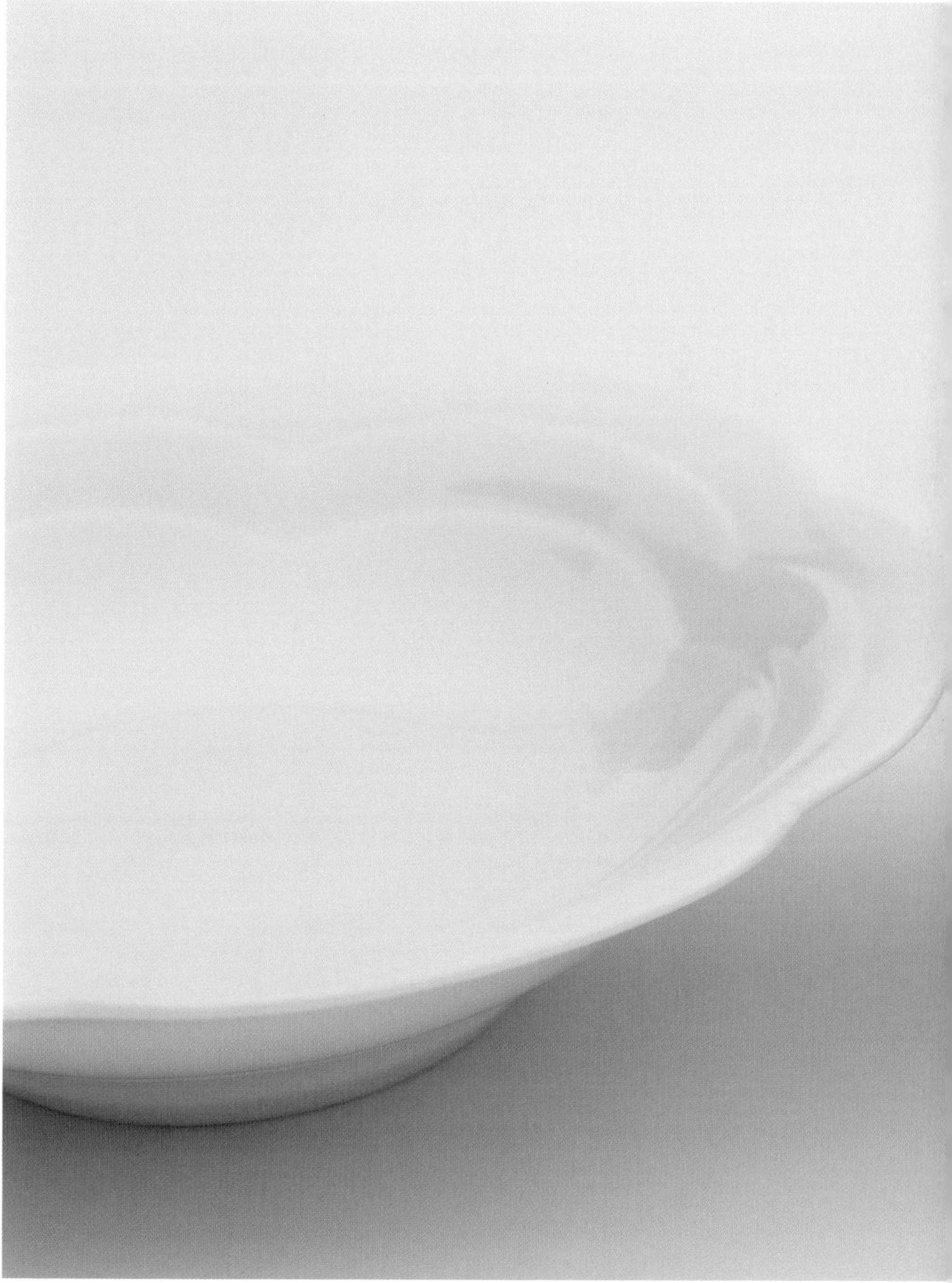

〝人間国宝〟である父の教えの下、確かな技術を守り続ける

有田焼で白磁の第一人者と言えば、重要無形文化財白磁保持者の井上萬二さんである。染付や色絵などの加飾を得意とする有田焼の中で、「焼物の良さは形。加飾は二の次」との思いで、長い間、自らの腕を磨いて、白磁を極めてきた。

井上萬二さんの長男が井上康徳さんである。井上さんが中学生の頃に、父、萬二さんが井上萬二窯を開き、大学卒業後に父の下で本格的な修業が始まった。

「上達するためには数をこなすしかない。父からは、ちゃんとした手順でつくることを叩き込まれました。特に磁器はつくり方の手順を間違えると、焼成した時に割れてしまいます。例えばロクロを挽く時に、土の塊を一度小さくしてから引き伸ばしていくんですが、こうしないと土が締まらず割れる可能性が高くなります。長年、引き継がれてきた技術には理由があるんです」と井上さんは話す。

「特にロクロで挽いた生地と、型でつくった生地との違いは高台にあります」と井上さんは言う。つまりロクロで挽いた生地は、必然的に高台が高く広くなる。

「それを形の一部としてとらえなければなりません。そのうえで全体のフォルムを決めます。ロクロで挽く器の基本的な形や機能を引き継いだうえで、その範囲で自分らしさをどう表現するかが、作家のセンスの見せどころになるんです」

井上さんの白磁には、器の外周に沿って規則的に、また器全体の波紋に同調するように色彩のラインが走っており、見る者にモダンな印象を与える。この表現に用いられているのは、主に黄、緑、青の3色の釉薬。黄と緑は父、萬二さんも

上／外周に沿って波形の溝を入れた青磁の器
左頁／均質に挽いた「ハマ」を乾燥させる

よく使っている釉薬だと言う。

　磁肌に様々な太さや角度の溝を彫り、そこに釉薬を載せる。載せると言っても、その手法は多種多様で繊細である。溝に釉薬を擦り込んだり、溝の周辺まで釉薬をぼかしたり、全体に釉薬をかけたりと、異なる手法によって線は違った表情を見せる。上絵付や下絵付などの筆描きに勝る、独特の妙技がここにある。

「伝統文様とはまったく異なる、現代的な表現としてラインを選びました。あくまでも白磁の邪魔にならない表現を意識しています」と井上さん。今はさらにロクロで挽いた器を非対称に変形させる手法にも取り組んでいる。

　父が井上萬二さんであることにプレッシャーはないのだろうか。「プレッシャーを感じたところでキリがない。父も急に上手くなったわけではなく、いろいろな努力をしてきた結果ですから」。将来は受け継いだ井上萬二窯を維持し、職人を育てていくことが使命の1つだと考える。そのうえで自身の技術とセンスの両方を高めることに努めたいと語った。

井上康徳 | Yasunori Inoue

最上／井上萬二窯の外観
上／ギャラリーには父、萬二さんと井上さんの作品が並ぶ
左頁・上／規則的に溝を入れた焼成前の生地

井上康徳 | Yasunori Inoue

井上康徳　略歴

昭和33年　佐賀県有田町に生まれる
昭和56年　成蹊大学工学部経営工学科卒業
　　　　　父、井上萬二に師事
昭和58年　日本伝統工芸展初入選(過去25回入選)
昭和63年　西部工芸展朝日新聞社金賞受賞
平成2年　日本工芸会正会員認定
平成9年　日本陶芸展入選(過去5回入選)
平成12年　西部工芸展正会員賞受賞
平成19年　佐賀新聞文化奨励賞受賞
　　　　　西部工芸展日本工芸会賞受賞
平成21年　西部伝統工芸展九州朝日放送賞受賞
平成23年　西部伝統工芸展朝日新聞社大賞受賞
平成27年　西日本陶芸美術展用の美大賞受賞

インタビュー

中島 宏

The interview with
Hiroshi Nakashima

窯の中で良い作品が
1つでもできあがればいい。
そのくらいの覚悟で青磁を焼いています

「焼物の最高峰」と言われる青磁を極めた、重要無形文化財青磁保持者の中島宏さん。重厚で力強く、温かな人間性が宿った青磁を焼き、これまでの青磁の概念をがらりと変えた功績は大きい。現在、青磁作家の頂点に立つ中島さんに、特別にインタビューに応じていただいた。

右頁／とつとつと、しかし熱く語っていただいた中島宏さん
左／自宅の玄関前には、青磁の器に花が生けてある

――中島さんが青磁を極めるきっかけになったのは何でしょうか？

私はここ武雄市の弓野で生まれ育ちました。近所には昔の窯跡がたくさんありましたので、山を歩くと、陶片がたくさん落ちているのを目にしました。今でも山を歩くと見つかるでしょう。古伊万里や古唐津の陶片に混じって、時々、青や緑の陶片も発見しました。それが青磁との出合いです。もう50年以上も前のこと。その青磁の陶片が何とも言えずきれいで、私はことあるごとに拾っては、陶片を集めていました。

20代初めの頃に「青磁を焼きたい」と父に話すと、「青磁は難しいから、おまえには無理だ。青磁で飯は食えんぞ」と忠告されました。つまり青磁は歩留まりが悪いから「苦労するぞ」という意味だったのです。私のアバウトな性格を見抜いていたのでしょう。それならなおのことやってみようと思いました。

それから、私は必死になって青磁の研究を続けました。陶土の組成を調べ、化学式を覚え、歴史も勉強しました。また、いろいろな所から土を集めてきては窯で焼くというテストを繰り返す日々が続きました。

――どんな青磁を焼きたいと思ったのですか？

青磁と言うと、硬く、冷たく、厳しい、清潔なイメージでしたから、私はそれを変えたいと思いました。私が目指す青磁は、温かく、豊かで、重厚な、どっしりとした、飽きのこないイメージのものです。あえてそういう青磁に挑戦してみたんです。

私は日本全国の産地から土を取り寄せ、時には中国や朝鮮半島からも土を取り寄せて、独自にブレンドしています。1つひとつの作品の土をすべて変えているんです。それは釉薬が生地に浸透する深度がそれぞれに異なるのを利用して、様々な表情を生むためです。釉薬もいろいろな種類を試します。だから私の作品は常に色や形が1つひとつ違うんです。濃い青や薄い青もあれば、緑がかった青やグレーがかった青もあります。

また、私は常に釉薬をたっぷりとかけます。釉薬を厚くかけて、それが高台の手前まで流れ落ちてきて、涙痕（釉溜まり）ができている様子や波打っている様子が面白いと思うのです。もちろん釉薬を薄くかければ、失敗がなくなるし、均質な焼物ができあがります。でもそれでは面白くないと思うのです。窯の中で9割失敗してもいい。1割でも、いや1つでも良い作品ができあがればいいという覚悟で、挑戦してきました。

2007年に人間国宝に認定された際、「あなたは独創的な青磁をつくられた」という評価を受けました。まさに、そのとおりのことをやってきたと思います。

――大変な苦労をされつつも、
これまで何を励みに
活動されてきましたか？

若い頃、中国磁器研究の大家として有名な小山冨士夫さんに会いに、鎌倉のご自宅を訪ねたことがありました。小山さんは私の作品を見てくださり、「良い色をしているね。形をもう少し工夫すれば良くなる」と褒めてくださりました。この時に、よし、私は青磁でやっていこうと決意を新たにしたのです。

また、私はここ弓野あたりで江戸時代に焼かれていた「古武雄《こだけお》」の焼物が好きで、いくつかのコレクションを持っています。仕事場にも置いていて、作家として壁にぶつかった時など、その焼物を見ては励まされています。「なんだ、自分はまだ甘いな」と反省したり、「昔の人はよくこんなものをつくったものだな」と驚かされたりします。私にとって、古武雄はそういう気をもらえる存在なんです。パワースポットなのです。

古武雄の魅力は、自由闊達で、力強く、健康的で、それでいてモダンなところ。1点たりとも同じものがなくて、職人たちが楽しんでつくった感じを受けます。職人1人ひとりの息遣いが今にも聞こえてきそうなんです。

右下／山間にある屋敷の門
左下／敷地内には、釉薬を溶かすのに使用したという瓶が並ぶ
左頁・上／異なる青磁釉をかけることにより、様々な色に発色した徳利と猪口。
磁肌に深く入った貫入も見どころ
左頁・下／敷地内にある登り窯は、緑豊かな竹林に覆われている

古武雄は、私の作風や美学とは異なりますが、作家として歩んでいく際に後押しをしてもらった存在でした。そんな風に後世に感動を与えられる作品を、私も残せたらと思います。

The interview with Hiroshi Nakashima

白須美紀子

Mikiko Shirasu

最上／ゲージを使ってロクロで挽いた器の寸法を測る
上／ロクロで挽いた器の表面をヘラで整える
左頁／全身を使って、ロクロで大物を挽く白須さん

作家である前に
職人であることを誇りとする
ロクロ伝統工芸士

小柄な体躯に似合わず、驚くほどの速度で回転させるロクロから、形の整った器が次々と生まれていく……。しかも1つひとつの器は、手作業とは思えないほど寸法も重量も正確で、これぞ真の職人技と圧倒させられた。「作家というより、職人でありたい」と言う白須美紀子さん。できあがった器には、まさに職人を全うしようとする純粋な技と心が表れている。

白須さんは佐賀県立有田窯業大学校に4年間通い、絵付とロクロ成形の基礎を学んだが、ロクロについては満足できるほど学べなかったと振り返る。そこで一から学び直したいと、知人に紹介された矢鋪與左衛門窯に弟子入りをした。

「ロクロを習得するのに陶器は3年、磁器は10年かかると聞いたことがあり、10年は修業しなければならないと思い込んでいたところがありました」と言う。その言葉どおり、矢鋪與左衛門窯に住み込みで10年修業し、ただひたすら基礎を習得することに費やしてきた。「ロクロの挽き方を筋道立てて教えてくれた」矢鋪さんとの信頼関係は厚い。現在も同窯で矢鋪さんの手伝いをしながら、絵付作家らから注文を受けた生地を挽き、そのかたわらで作品をつくる日々を送る。

白須さんが目指す職人とは、「一定の物を、一定時間内に、均質につくれる技を持つ人」である。例えば、ロクロを習得するには6つの基本形がある。それはハマ（焼成時に器の下に敷く円い焼物）、飯碗、煎茶碗、突き立ち（背の高い器）、皿、大物で、ハマや飯碗などであれば15分以内に75個を均質に挽かなければならない。それは1個当たり45秒というペースで、非常に高度な技である。こうした技の習得に努めてきた甲斐あり、白須さんは２０１３年に女性で初めて伊万里・有田焼ロクロ伝統工芸士に認定された。

そんな白須さんが理想と考える作品とは「使い手のことを考えたもの」である。例えば熱い茶を入れる湯飲みには相応の厚みを残し、手に持ちやすくするなど、使い手を思いやる心を忘れない。作風を追求することよりも、暮らしの道具としての器を追い求めているのである。

したがって作品の数こそ少ないが、白

白須美紀子 | Mikiko Shirasu

「白磁地紋彫小鉢」

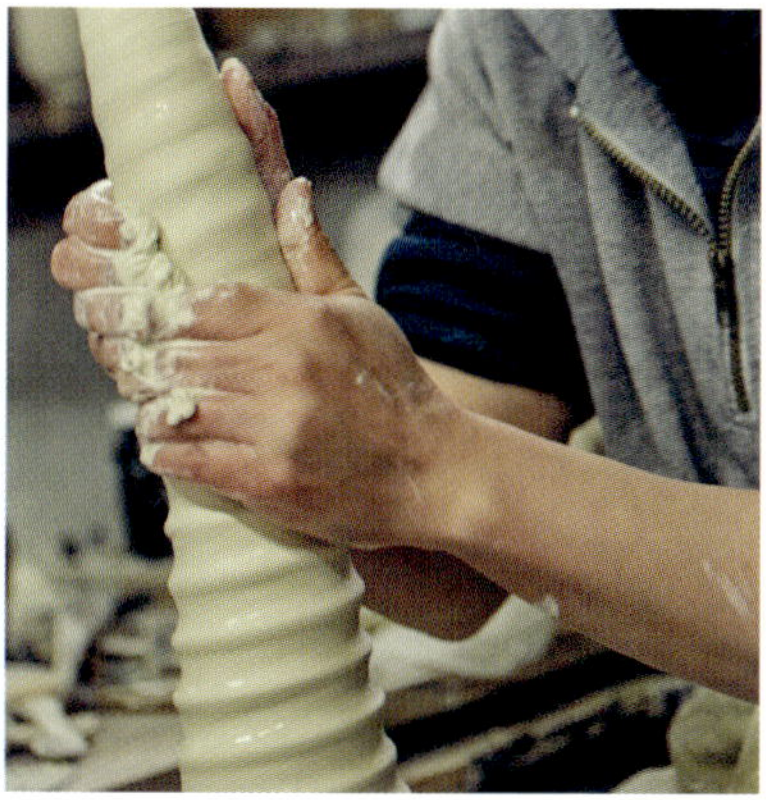

須さんは様々な技によって個性的な作品を生み出している。端正な白磁もあれば、取手だけに染付を施した蓋物、彫りの凹みのみにかけた青磁釉の皿、かわいらしい猫を描いた染付など、いずれも技が生み出す奥行きを感じさせる。

今後の展望を問うと「猫に囲まれながら、半農半陶の暮らしができればいい」と控えめに答える。現に白須さんは作陶するかたわら、矢鋪さんとともに稲作も行っている。半農半陶の素朴な暮らしぶりが、素直に作品に反映されている。

右頁／右から「白磁蓋付碗」「白磁小花瓶」
上／確かな腕で正確にロクロを回す
下／通称「タコ部屋」と呼ばれる昔ながらの職人工房

上／あっという間にロクロで挽いた生地
左頁・上／緑豊かな山間にある工房で師匠の矢鋪さんとともに

白須美紀子 | Mikiko Shirasu

白須美紀子　略歴

平成13年　佐賀県立有田窯業大学校本科および絵付科、研修科卒業
平成13年　現代の名工・全技連マイスター矢鋪與左衛門窯に弟子入り
平成15年　下絵付技能検定2級合格
平成17年　上絵付技能検定2級合格
平成23年　全国技能士連合会会長賞受賞
平成25年　伊万里・有田焼ロクロ伝統工芸士認定
平成26年　内閣府女性チャレンジ賞受賞
平成27年　手ろくろ成形作業一級技能士認定

馬場光二郎

Kojiro Baba

右頁／自作の土型で型打ちをする
下／工房の奥でロクロを回す

初期伊万里当時の職人が作陶に込めた気概を受け継ぐ

初期伊万里に惚れた男。馬場光二郎さんを例えるならこの一言に尽きる。両親とともに業務用陶器を焼く窯元を運営するかたわら、自分が好きな焼物をつくりたいという思いから、「光二郎」と「文光」という2つのブランドを立ち上げた。いずれも馬場さんが最も好きだと言う、初期伊万里様式に基づいている。

このうち「光二郎」は初期伊万里様式を徹底的に追求したブランドだ。まず、原料に泉山陶石を使用している。かつて有田焼は地元で採れる泉山陶石からつくられていたが、明治時代以降に熊本県で質量ともに安定して採れる天草陶石へと移り変わっていった。現在、ほとんどの有田焼が天草陶石でつくられている。

馬場さんは初期伊万里を忠実に再現したいという思いから、泉山陶石を選択。専門業者に依頼して2トン単位で陶石を採掘した後、自らの手で石を砕き、臼で挽いて杵で突き、水簸《すいひ》をして土を絞る。土の鉄分はあえて取り除かない。「天草陶石での土のつくり方をそのまま泉山陶石に応用して焼いたら、最初はことごとく割れました。失敗を繰り返すうちに、だんだん成功するようになりました」とマイペースな取り組み様である。

釉薬は地元で採れる白川釉石を使用し、染付は酸化コバルトに鉄分を加えて天然呉須の色合いに近づけるようにした。最後は登り窯で焼成するという具合に、すべて昔のつくり方にならっている。

そうして焼き上げた磁器は、現代の有田焼に比べると、厚みや凹凸が豊かで、白の発色も鈍く渋い。とろりと載った釉薬に透ける草花の文様は、発色や輪郭を曖昧にしながらも、のどかで健やかな印象を見る者に与える。本物の初期伊万里に出合った時と同様に、思わず手のひらで持ち上げ、指先で触れて、その重量や質感を確かめたくなる。

「初期伊万里を見ると、絵付の技術は稚拙ですが、その時代の素材と技術で何とか良いものをつくろうとしていた職人の気概を感じます。新しいものが生まれようとする生命力がある。私はそういう生命力を引き継ぎたいんです」と語る。

一方、「文光」は初期伊万里様式であり

下／ロクロで挽いた生地を切り取る

ながら、原料に天草陶石を使い、もう少し作業効率を考慮して、歩留まり良くつくった作品である。ブランドを2つに分けることで、自分が真にやりたいことと、経済性を考慮したことを両立させることができた。

生地はロクロのほか、型打ちにも挑戦している。これはロクロで生地を挽いた後に、型に打ちつけて表面に凹凸模様をつける、昔ながらの技法である。初期伊万里へのひたむきな思いが、馬場さんの作品の魅力となって表れている。

最上／型打ちには石膏型を使うことが多いが、馬場さんは土型を使用
上／木や竹をロクロ成形の際のゲージに使用
左頁／上から「染付 唐草菊花 5寸皿」「染付 波兎 5寸皿」

右頁／初期伊万里のような雰囲気の染付を施す
上／工房の地下にある広いギャラリー

馬場光二郎　略歴

昭和55年　佐賀県伊万里市に生まれる
平成14年　家業を継ぐため帰郷
　文祥窯入社
　中村清六に師事
平成20年　泉山陶石で作陶を始める

馬場光二郎 | Kojiro Baba

右頁／型打ち後、型と生地の間に息を吹き込んで、型から外す
下／型打ちで成形した菊皿の生地

豊増一雄

Kazuo Toyomasu

右「染付菊形向付（さくら）」、中手前「染付菊皿（浅）」、中奥「白瓷手塩皿（菊）」、
左手前「白瓷草花紋木瓜小皿」、左中「白瓷アーモンド豆皿」、左奥「四寸芙蓉手皿（猪目）」

景徳鎮、李朝、古唐津……有田焼のルーツを探り、作風に生かす

有田焼のルーツをたどると、佐賀県の唐津地区で焼かれた唐津焼、朝鮮半島で焼かれた李朝《りちょう》陶磁器、さらに中国の北方窯系や景徳鎮《けいとくちん》にまでさかのぼる。「韓国や中国によく訪れては、有田焼の〝水源〟をたどる作業をしてきました」と話す、豊増一雄さん。豊増さんの作品づくりは、歴史を探究することから始まる。

豊増さんの父は中国残留孤児で、かつて景徳鎮の焼物工場で働いた経歴を持つ。豊増さんも中国で生まれ育った。「遊び道具と言えば、粘土くらいでした」と子供の頃を振り返る。当時の景徳鎮には国営工場が10くらいあり、6万人もの窯業従事者を抱えるほどの規模を誇っていた。

しかし文化大革命による粛清で生活が厳しくなり、1972年に日中国交正常化が実現すると、一家は福岡県八女市に住む父の兄を頼って日本に戻った。豊増さんが10歳の頃である。父は何社かの窯元で修業後、有田の地で支援者の助けを得て築窯し、有田焼を焼くようになった。

そうした出生が影響しているのか、豊増さんは成人すると中国美術学院に留学した。元々、絵を描くのが好きだったことから水墨画を学んだと言う。日本に戻ると、佐賀県窯業試験場や窯元に勤めた後、自分自身で焼物をつくりたくなり、京都府立陶工高等技術専門校で陶器を学んだ。「陶器は変化自在に形をつくれる。そこに魅力を感じました」と言う。

その後、陶器で作家活動をする一方、磁器の研究も続けた。李朝陶磁器に通じる焼物をつくりたかった豊増さんは、土をブレンドし、釉薬を調合して、どうにか李朝白磁の肌合いに近づけようと努力した。「李朝白磁の魅力は、半陶半磁風の土による、ほにゃっと柔らかい、手に馴染む感じにあります」と言う。

李朝陶磁器の研究を進めるうちに、朝鮮陶工と関連の深い古唐津の魅力にも気付き、最終的に初期伊万里の魅力にも目覚めた。豊増さんの作品には、これらの要素が合わさった独特の魅力がある。

目を引くのは型打ちの白磁だ。菊を模した小皿は、白磁なのに肌が柔らかく優しい。白い肌はキラリと輝くのではなく、ぬめりとした液体のようで、型打ちが生

右頁／型から生地を外す豊増さん
左／独特の模様が付けられた、型打ちに使用する土型
下／柔らかい磁肌に載った、独特のぼけ味のある染付

む凹凸に豊かな陰影をもたらしている。景徳鎮ではロクロで生地を挽いた後に、型に生地をはめる工程がある。つまり型はゲージの代わりで、寸法の狂いを防ぐために行っているのだが、豊増さんはこの工程を真似ることで、独自の作風が見出せるのではと考える。

また、染付に描かれた草木や吉祥文様は、呉須の濃淡が豊かである。特に呉須が薄く載った部分は、青と白がせめぎあい、独特のぼけ味を生んでいる。歴史研究に裏付けされた魅力がそこにある。

豊増一雄｜Kazuo Toyomasu

豊増一雄 | Kazuo Toyomasu

右頁・上／カンナや刷毛、ゲージなどが収められた道具箱
右頁・下／登り窯で焼成する
上／ギャラリーに並ぶ、味わいのある作品

豊増一雄　略歴

昭和59年　中国美術学院留学
平成元年　京都府立陶工高等技術専門校成形科卒業
平成2年　同校研究科卒業、八世 高橋道八に師事
平成5年　有田に戻り、晏正窯で作陶
平成6年　陶房七〇八開窯
平成17年　中国北方窯系にて3ヶ月間実技研修
平成19年　九州山口陶磁展2部朝日新聞社賞受賞
平成21年　日本煎茶工芸展入選　ほか入選多数
平成23年　韓国青松で白瓷窯跡探訪
平成24年　景徳鎮で陶芸研修

十四代李参平

Sanpei Ri

上／陶土に使用している泉山陶石
左頁／ロクロで挽いた初めの30個はつぶして、成形を安定させる

有田焼の陶祖、李参平の末裔が初期伊万里を復活させる

1616年、朝鮮陶工の李参平が有田の地で磁石場を発見し、磁器を焼き始めた。これが有田焼の起こりとされている。

十四代李参平（日本名：金ヶ江三兵衛）さんは、その末裔である。そもそも初代李参平の子孫は陶工として4代まで続くが、江戸中期以降にいったん途絶えてしまう。復興させたのは、父の十三代李参平さんだ。復興を望む周囲からの声に応え、還暦を前に旧・国鉄を退職して、陶祖李参平窯を開いた。

初代の遺作が全く残っていなかったため、当初は分からないことばかりだったが、初代の思いを汲み、先代は磁器の原点である白磁を追求した。初代への感謝の気持ちと、朝鮮半島への恩返しの気持ちが彼を作陶に突き動かしたのである。

2005年に十四代を襲名した李さんも同じ気持ちでいるが、目指したのは初期伊万里の再現だった。以前から李さんは、初代が生きた時代に栄えた李朝陶磁器を韓国で研究し、また初代が朝鮮半島から有田にたどり着くまでの経路を歩くなどして、初代の作陶人生を追体験してきた。そこで出合った初期伊万里の素朴さに魅了されたためである。

しかし初期伊万里は、そう簡単には再現できなかった。現代には消え失せてしまった素材と技術が求められるからだ。まず素材の陶土は、地元の泉山陶石から

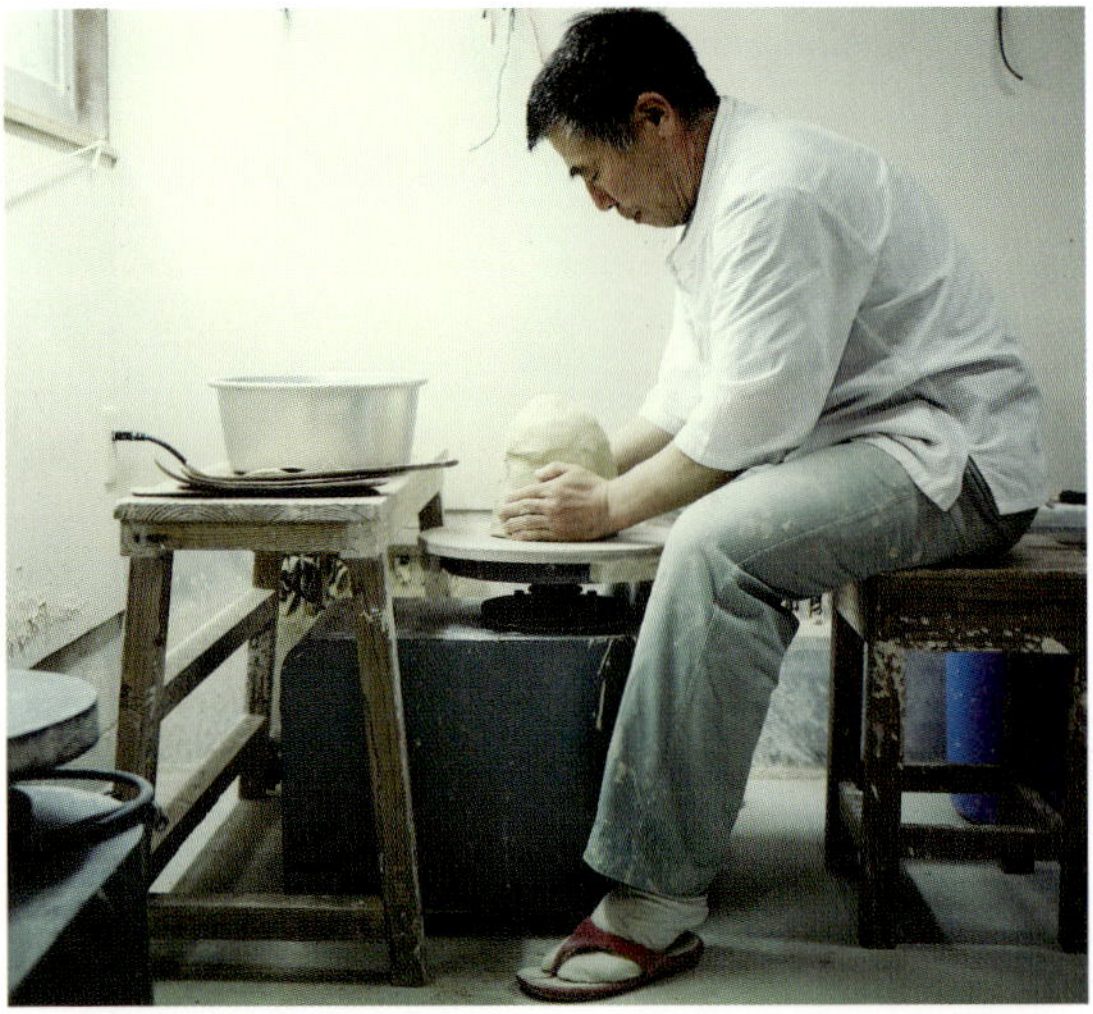

つくられたものであることが必須。さらに技術のロクロ成形は、佐賀県の唐津地域で焼かれる唐津焼を基礎にしたものでなければならない。当時最先端だった景徳鎮の美学や李朝陶磁器の技を土台にして、朝鮮陶工たちのほか、唐津焼の陶工たちも磁器づくりに挑んだと言われているからだ。したがって、李さんは唐津焼の技術も身に付けた。

陶土は有田焼で一般に使われる天草陶石をしばらく使わざるをえなかったが、2014年についに李さんは独自の陶土をメーカーと共同開発した。この陶土を使う場合、生地を薄く挽くと焼成時に変形するため、少し厚めに挽くなど、唐津焼の技術を取り入れたロクロ成形が必要になる。それがまた初期伊万里同様に、味のある磁器を生む。

「初代の戒名は『月窓浄心』。だから染付で月をモチーフにしたり、自然の風景を筆の勢いに任せて伸びやかに描いたりして、当時の雰囲気を表現できるよう意識しています」と李さん。厚く温かな造形に、大胆で勢いのある染付の筆致……。

李さんの作品からは、400年前に有田の地で磁器づくりに挑んだ陶工たちの息遣いや笑い声までもが聞こえてくるようだ。彼らが暮らしの中で見つけた動植物のモチーフを描いた初期伊万里の健やかさが、李さんの作品には息づいている。

右頁／工房でロクロを挽く李さん
左／伝統工芸士の徳永象次さんにロクロを教わった

下／奥から「十四代李参平作 染付竹文御手塩皿」「初期伊万里うつし 染付福字文御手塩皿」「初期伊万里うつし しのぎ文彫御手塩皿」
左頁／右から「復古創新 天狗谷松絵小瓶」「初期伊万里うつし 染付高高台網絵文小鉢」

上／ギャラリーでは初代李参平への思いが感じられる
右／初期伊万里を再現した皿
左頁・上／漆喰塗りの風情ある陶祖李参平窯

十四代李参平　略歴

昭和36年	佐賀県有田町に 十三代李参平の次男として生まれる
昭和58年	伝統工芸士の徳永象次に師事
平成14年	九州電力主催 「若手工芸家国内外派遣研修制度」で 韓国・利川にて李朝白磁の研究に励む
平成17年	伊万里・有田焼伝統工芸士ロクロ成形部門認定 十四代李参平襲名
平成19年	九州国立博物館にて 韓国文化企画展参加「韓日陶工二人展」開催
平成20年	陶祖李参平窯ギャラリー開設
平成21年	十四代李参平韓日交流帰郷展 釜山－福岡－佐賀開催　ほか

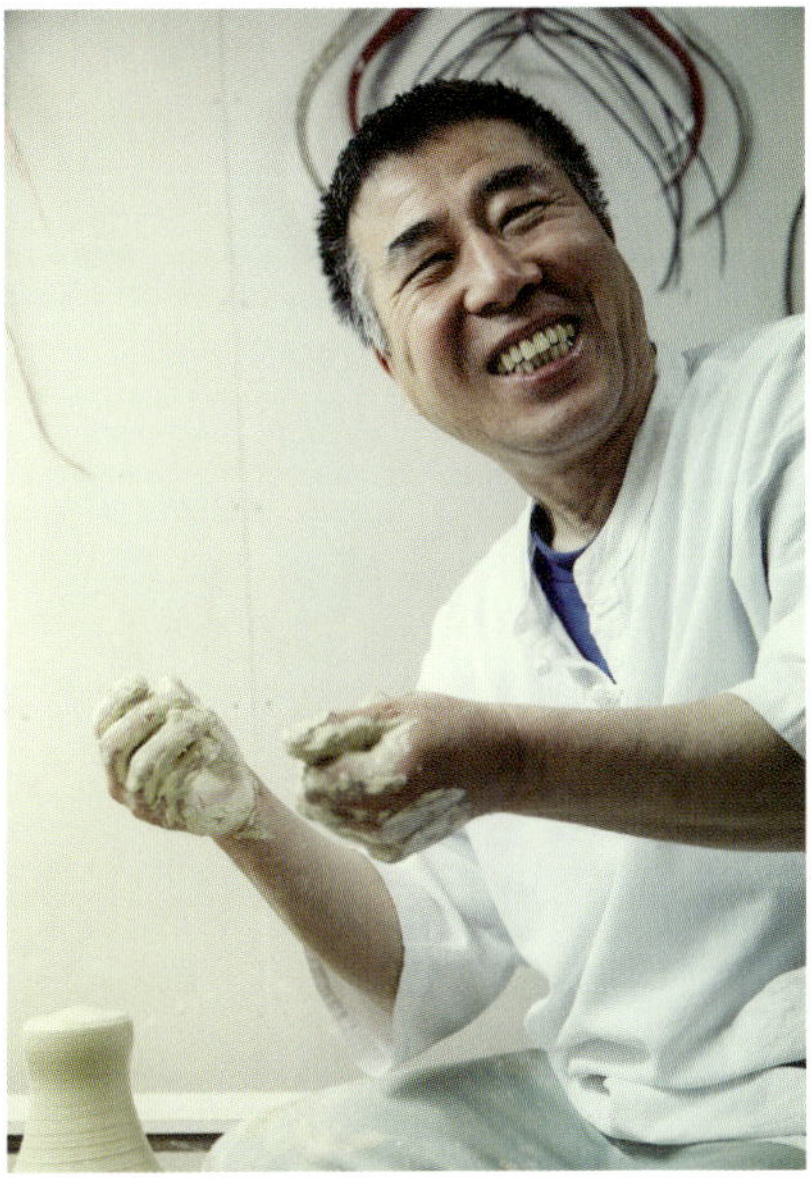

十四代李参平 | Sanpei Ri

右「暮瑠璃 平鉢」、奥「瑠璃釉 平鉢」、左「深瑠璃 平鉢」

坂本達也

Tatsuya Sakamoto

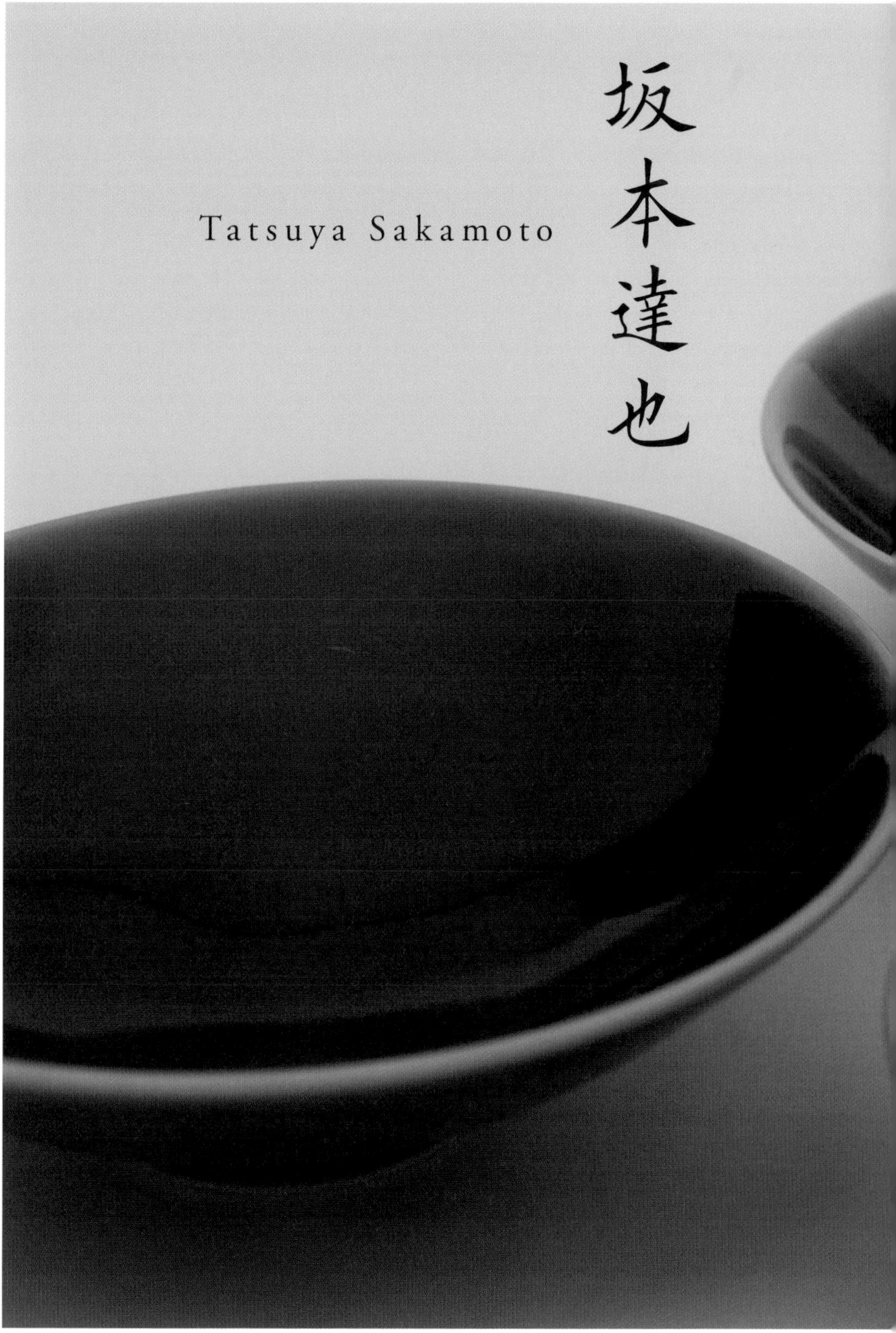

呉須で色付けした瑠璃釉で、表情豊かな青を器に現す

江戸時代に焼かれた古伊万里にも使われていたという瑠璃釉。透明の釉薬の中に呉須を入れて、深い瑠璃色を器に現す。瑠璃釉を使って製品をつくっている陶磁器メーカーはあるが、それを唯一無二の作風としている作家は、坂本達也さんを除いて有田にはほかにいない。

瑠璃釉がたっぷりとかかった坂本さんの作品を真上から見ると、深い青に引き込まれるような錯覚を覚える。まるで外洋の水面から水底を覗き込むような感覚で、永遠の時間と無限の空間が器に広がっているようだ。もちろん釉薬による表現なので、釉薬の厚みが生む奥行きには限界がある。しかし、その奥行きを超えて、遥かな時間と空間を器に閉じ込める力が、この瑠璃釉にはある。

坂本さんは3種類の瑠璃釉を開発した。昔ながらの色みの「瑠璃」、濃い色みの「深瑠璃」、酸化焼成をしてやや緑っぽい色みにした「暮瑠璃」である。「普段使いの器をつくりたい」という考えの下、奇をてらった形の器は1つもないからこそ、どれも瑠璃色が冴えて見える。瑠璃色の器には、料理が映える点も魅力だ。

坂本さんは20代初めに別の仕事に就いていたが、身体を壊して退職。「どうせなら一生かけてやりたい仕事に就こう」と、地元の有田町に戻り、佐賀県立有田窯業大学校に入って一から出直した。卒業後

右頁／釉がけをする坂本さん
左／瑠璃釉に生地を静かに浸ける

は父の紹介で、青磁作家の梶原茂正さんに弟子入りした。「口数の少ない先生でしたが、ちょっとした仕草や態度から、作陶に対する姿勢や情熱を学びました」

修業中に、釉がけの際にどっぷりと青磁釉に浸かってしまった失敗作の湯飲みを、登り窯に勝手に入れて焼いたことがあった。焼き上がった際、湯飲みの底に厚く釉が溜まった青磁を見て、鳥肌が立つほどきれいだったと振り返る。これが坂本さんと色釉との出合いである。

独立する際に青磁を極めたいと考えたが、「それでは梶原先生の真似になる」と思い止まり、ほかの色釉を検討した。その際に「瑠璃釉の作品をつくっている作家はいない」という父の一言が決め手となった。図録で古伊万里の写真を見るなどして、瑠璃釉の色みを研究。そして3種類の瑠璃釉の開発に至った。

坂本さんの妻は絵付師で、作品づくりでは下絵付を担当している。しかし、これも通常の染付とは趣が異なる。呉須で下絵付をしたうえに、瑠璃釉をかけているため、紺と濃紺のグラデーションとなって模様が現れる。ほかの焼物では目にできない色合いに心惹かれる人は多い。また、唐津焼の土を使った器に瑠璃釉をかけた作品などもあり、瑠璃釉の可能性の大きさを思い知る。坂本さんはこれからも瑠璃釉を使った挑戦を続けていく。

下／瑠璃釉に浸けた生地をすっと取り出す
左頁／工房内にあるガス窯は表面を黒く塗装

上／ギャラリーに瑠璃釉の作品が並ぶ
右／坂本窯陶工房の外観

坂本達也 | Tatsuya Sakamoto

坂本達也　略歴

昭和47年　佐賀県有田町に生まれる
平成2年　佐賀県立有田工業高校デザイン科卒業
平成7年　佐賀県立有田窯業大学校にて絵付研修(円田義行)
平成8年　佐賀県立有田窯業大学校にてロクロ研修(照井一玄)
平成9年　梶原茂正に師事
平成11年　独立、自宅工房にて作陶開始
平成13年　九州山口陶磁展第1位(経済産業大臣賞)、佐賀県美術展覧会入選
平成14年　西日本陶芸美術展入選、佐賀美術協会展入賞(奨励賞)
　　　　　佐賀県美術展覧会入選　ほか入賞多数
平成15年　佐賀県立有田窯業大学校にて特別ロクロ研修(奥川俊右衛門)

右頁／辰砂釉をベースに複数の釉薬を重ねた作品
下／筆で釉薬を部分的に載せる馬場さん

馬場九洲夫

Kusuo Baba

馬場九洲夫 | Kusuo Baba

子供の頃の心象風景を、窯の中で釉薬が変化する〝窯変〟で描く

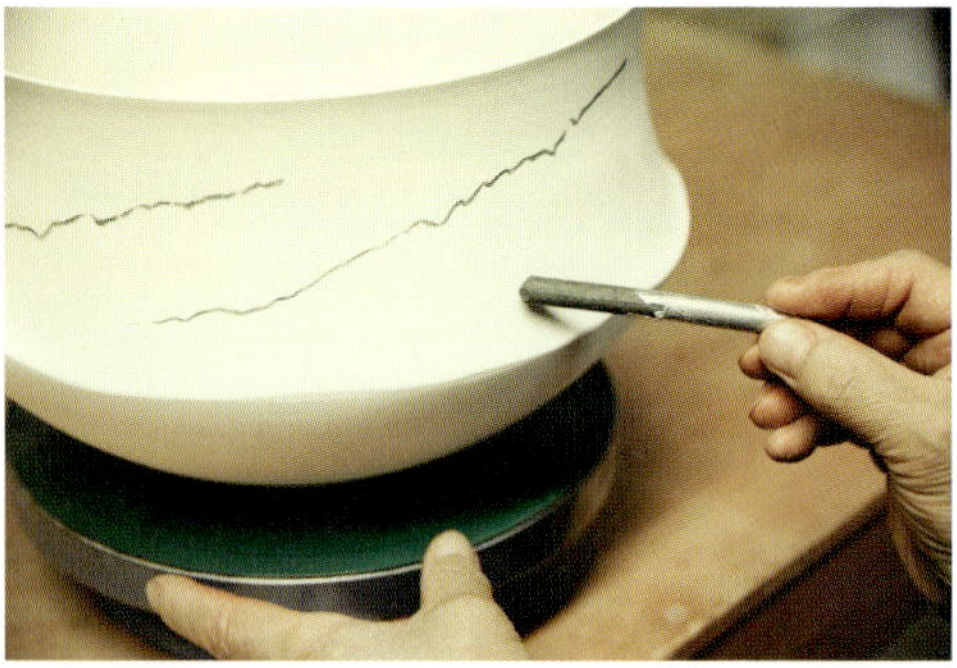

窯の中で陶磁器を焼成する際に、炎の当たり具合や釉薬の変質により、予期しない釉色や釉相を現すことがある。これを一般的に「窯変《ようへん》」と言う。また、これを人為的にコントロールして作品をつくることも多い。馬場九洲夫さんは窯変を利用して作品をつくる作家である。

ただし窯変の偶然性だけを頼りにしていては、自分の思うとおりに作品はできない。「窯の中に預けて絵を描く」と馬場さんは言う。生地に下絵を描いた後、釉薬を調合し、一部をマスキングして釉薬

最上／生地にヤナギの炭で下絵を描く
上／下絵に沿って筆で釉薬を載せていく
左頁／順番に、釉薬を生地全体にかける

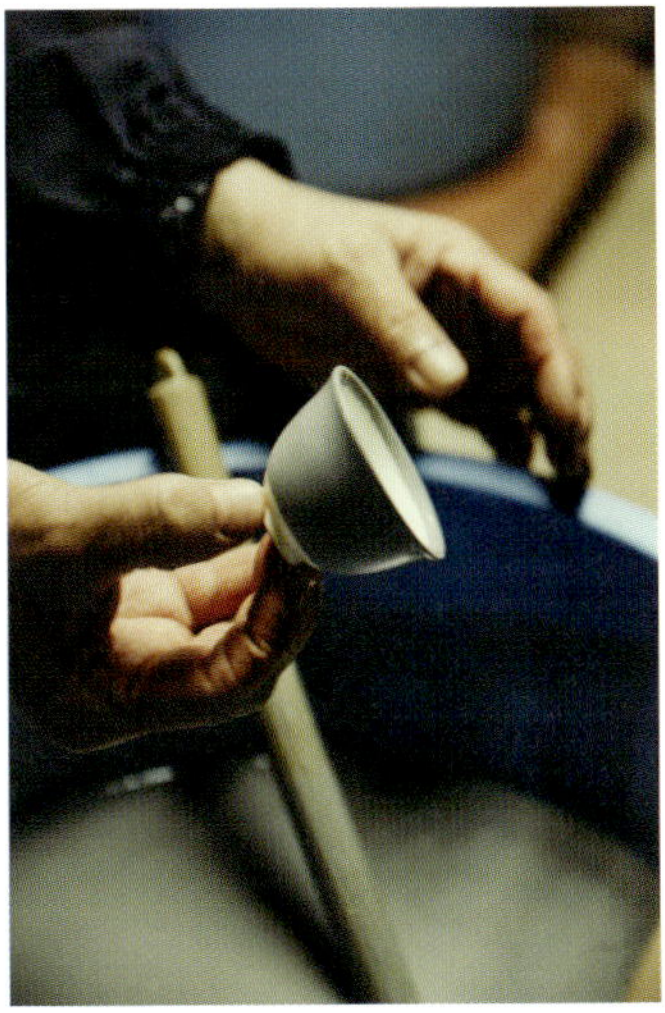

をかけ、マスキングをはがしてまた釉薬をかけることを繰り返す。火前《ひまえ》や火裏《ひうら》など、窯の中のどの場所で焼成するかによっても釉色や釉相は変わる。

馬場さんの作品には、自然が一瞬に見せるきらめきやざわめきが表現されることが多い。闇を破って上る朝日や、そこに映える山の稜線、夕刻の砂浜に寄せる波……。それらを赤い辰砂釉《しんしゃゆう》を中心に青、茶、黒などの釉薬で抽象的に描いた風景は、見る者に瞬きも許さず、感動をもたらすのである。

自然をモチーフにしながらも、馬場さんが描くのは、すべて心象風景である。それは子供の頃に見た風景や思い出が基になっていることが多い。例えば人気作の1つ「海辺の詩」は、夏休みに海水浴へ出かけた折に、帰り際に眺めたさざ波が基になった。「いろいろなシーンで出合った風景と、それを見た時の印象が心の中にずっと残っていて、何十年と経つうちにそれが自分の中で消化されて、心象風景となって現れてくるのです」

心象風景について、馬場さんはさらに言及する。「写生と作品は根本的に違います。景色を見てすぐに絵を描くと、それは写生になりますが、自分の心の中で噛み砕いて、いったん自分のものにしてから表現すると作品になるのです」

馬場さんが運営する真右エ門窯は、父が築いた窯である。馬場さんは佐賀県窯業試験場に4年間勤めた後、真右エ門窯に入った。元々、同窯は一般的な有田焼を焼く窯元であったが、馬場さんは作家としての陶芸活動に邁進した。その理由は、有田を代表する陶芸作家、青木龍山さんの影響を強く受けたためだ。「勉強会で話を聞くうちに、作家はどうあるべきかなどの考えに影響を受けました」

その後、馬場さんは日展などの公募展に積極的に出品していく。「日展では作家の技よりも表現力が評価の対象になります。作家の思いが作品に色濃く反映され、表現されていなければなりません。作家は、感動する心を常に持ち続けることが大事なんだと思います」。釉薬の研究を続けながら、今日も1つひとつ手探りで新たな釉色を試す日々である。

馬場九洲夫 | Kusuo Baba

右から「銀河ぐい呑」「辰砂ぐい呑」

馬場九洲夫 | Kusuo Baba

馬場九洲夫　略歴

昭和48年　国立佐世保工業高等専門学校卒業

昭和51年　佐賀県窯業試験場入職

昭和55年　真右エ門窯に入る

昭和56年　現代工芸九州会発足と同時に入会、日本藝術院会員認定

　　　　　青木龍山の影響を強く受ける

平成5年　九州山口陶磁展「藍染水滴大鉢」第2位受賞

平成9年　日本現代工芸美術展「春旭」入選

　　　　　日展「旭映」入選

平成12年　佐賀県美術展覧会「遙かな漣」大賞　ほか受賞多数

右頁／ギャラリーには大物作品が並ぶ

Fumie Tanaka

たなかふみえ

右頁／「銀彩鳥小花 小蓋碗」
上／細い筆で赤絵を施すたなかさん

古典の写しから発展し、現代の暮らしに微笑みをもたらす染錦

上／笹にパンダの愛らしい染錦を制作
左頁／右手前「墨弾きくもの巣に梅 ミニ蓋碗（蓋・台皿付）」、
左手前「錦鹿紅葉 ミニ蓋碗（蓋・台皿付）」、
右奥「染錦松竹梅パンダ 蓋物（丸）」、
左奥「染錦ひょうたんから駒 蓋物（丸）」

絵付作家のたなかふみえさんが器に描いた絵は、女性らしく繊細でかわいらしい印象がある。どこか現代的で、都会的な雰囲気を持つため、様々な使い方に応えてくれる。「蓋物が好きなんです。中に幸せが閉じ込められていそうで、開ける時にわくわくするから。昔からお菓子が入った蓋付の箱が好きでした」と、たなかさんは実に楽しそうに話す。

　都会的な雰囲気を持つのは、元々、たなかさんが東京で生まれ育ったためだ。東京で会社勤めもしていたが、父が早くに亡くなり、母から故郷の有田町に戻りたいと相談された際に、たなかさんも一緒に有田町へ引っ越す決意をした。

「有田町で暮らすからには焼物を勉強してみよう」という最初は軽い気持ちから、佐賀県立有田窯業大学校で絵付を学んだ。すると、元々、絵を描くことは苦手だったにもかかわらず、「だんだん楽しくなってハマった」と言う。卒業後は同校で知り合った窯元の社長に誘われて就職。すると初日から、蕎麦猪口の絵付を現場で任され、否が応でも腕を鍛えられた。

「ぶっつけ本番の緊張感によって技が磨かれた」と振り返る。
　絵付ができると、オリジナル作品をつくることができる。そう気付いたたなかさんは、仕事のかたわら、友人と二人展を開くなどの活動を徐々に始めた。そして7年半勤めた窯元を退職し、独立した。
　たなかさんがつくる作品は「染錦《そめにしき》」と呼ばれる、染付と赤絵を組み合わせた絵付だ。染錦は、江戸時代に焼かれた古伊万里にもよく見られる。「染付だけでは、以前に勤めていた窯元の癖がどうしても出てしまうので、なるべく赤絵を加えて、自分らしさを表現しようと考えました」と説明する。また、母の親戚筋が赤絵の絵付師だったことも意識した。
　例えばたなかさんの作品には、初期伊万里などの染付の写しが多い。動物や草花、吉祥文様を古典にならいながらも、そこに赤絵を加えて、独自の表現を開こうとしている。写しが多い理由は、純粋に「古典が好き」という思いもある。「和服の文様も好きだし、江戸時代に使われていた細々とした生活道具も好き。

右頁／太い筆で濃(だ) みを施す
上／薄い和紙に下絵の鳥獣戯画を描く
左／工房に焼成前の生地が並ぶ

伝統を引き継ぎたいと思っています」

とはいえ、現代の暮らしの空気を取り入れることも忘れない。「器は、女性にとってままごと道具の延長のような気がするんです。私自身、この器にはアイスクリームを盛ってみたいとか、いろいろと妄想してはウキウキしながら絵を描いています。主役の器よりも、脇役の器をつくりたい。なくてもいいけれど、あったら幸せ。そんな器がつくりたいんです」

そうしたつくり手自身の楽しさが、かわいらしい絵からひしと伝わってくる。

たなかふみえ | Fumie Tanaka

たなかふみえ　略歴

東京都出身

文化女子大学短期大学部服装学科卒業

大学研究室非常勤副手、商社勤務

平成11年　佐賀県有田町に移住

平成19年　佐賀県立有田窯業大学校短期研修絵付技法科修了

　　　　　有田町内の窯元に就く

平成26年　戸栗美術館にて個展開催

平成27年　独立

右頁／染錦や、染付にプラチナの
銀彩を施した皿
左／素焼きした生地に呉須で下絵を描く

右頁・上／金平糖などの干菓子入れに手頃な大きさ
右頁・下／右は白玉と花豆、左はプチトマトのコンポートを盛って。
蓋物は蓋を開けた時に微笑みが生まれるように、印象的に盛ると良い
上／小さな碗物はデザート皿にするとかわいい。抹茶アフォガードを盛って

Shinobu Tanaka

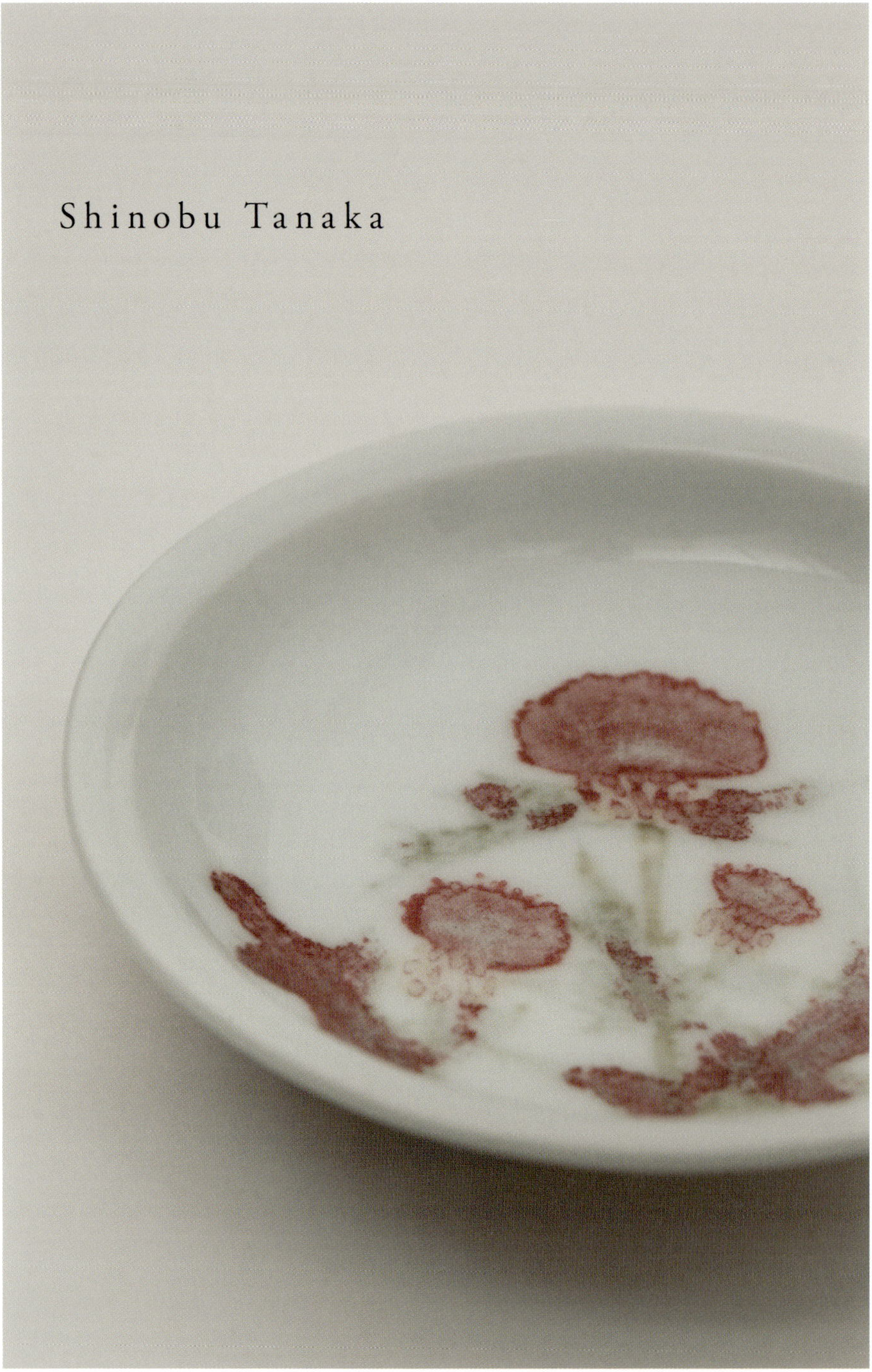

田中忍

右頁／「釉裏紅 あざみ文 渕どり 小皿」
上／青い液体が釉裏紅に使われる絵具
左／素焼きした生地に
様々な釉薬を筆で載せる田中さん

窯の中で赤にも緑にも色が転ぶ釉裏紅で器に〝影絵〟を描く

銅は、窯の中で酸素が少ない状態で焼く「還元焼成」をすると赤に発色し、酸素が十分にある状態で焼く「酸化焼成」をすると緑に発色する。この特性を利用して、作品づくりをしているのが田中忍さんだ。銅を含んだ絵具は発色面に不安定さはあったが、江戸時代に焼かれた初期伊万里でもごくわずかながら下絵付に使われていた。透明釉の下（裏）に筆で紅い文様を描いたことから、これを「釉《ゆう》裏紅《りこう》」と呼んだ。一方、釉薬の中に銅を含ませて紅い釉薬として磁器全体にかけ

右／一部をマスキングして
釉裏紅を載せた焼成前の生地
左頁・右／釉裏紅で赤に発色した部分と
緑に発色した部分が分かる
左頁・左／マットな白に発色する
白釉も絵の一部に使用

るものは「辰砂釉」と呼ぶ。

このように初期伊万里では、釉裏紅は赤絵を描くために使われたが、窯の中の焼成具合で赤になったり緑になったりと色が安定しないことから、次第に使われなくなってしまった。発色が安定する上絵の技術が発達したことも要因である。したがって現在、有田焼で釉裏紅はほとんど使われていない。

この状況を逆手に取って、釉裏紅を積極的に使い始めたのが、田中さんの父である。田中さんが中学生の頃で、「失敗して大変」という父の姿を印象的に覚えている。大変と分かっていながらも、父と同じく、田中さんもまた釉裏紅の魅力に取りつかれた。「実際に窯から出してみなければ、最終的に色がどう出るのかは分からないところがあります。そこが面白いし、奥深いと感じました」と話す。

迷いなく家業の一位窯に入り、父に釉裏紅を教わった。また、佐賀県窯業試験場で釉薬の基礎を学んだ。釉裏紅は窯の煙道を塞ぎぎみにし、強い還元焼成で焼くと、赤を発色しやすい。また、釉裏紅を厚めに載せると赤を発色する。窯の中のどこに置くのかによっても変わる。火前に置いた方が赤を発色しやすく、火裏では銅が揮発し、赤にも緑にもなるほか、発色すらしない場合もあると言う。

そうした特性を把握しながら、田中さんは焼き上がりをある程度予測して、下絵付を加減する。赤に発色させたい場合は厚めに描き、緑に発色させたい場合は薄めに描くといった要領だ。併せて青磁釉、呉須、白釉なども使い、下絵付に生かす。例えば釉裏紅と呉須を重ねた場合、両方の色が出ると紫に発色する。

田中さんが下絵付で描くのは、身近に触れる草花や千鳥、野ウサギなどの絵柄だ。呉須で描くと写実的になるこれらの絵柄も、釉裏紅で描くとシルエットに近くなる。赤や緑に発色した大まかなシルエットには滲みや擦れが生まれ、貼り絵のような、ある種のファンタジーさえ感じる。余白を生かしたシンプルな絵柄ながら、豊かな階調を持ったシルエットは、日々の暮らしの中で使い手に優しさとゆとりをもたらしてくれる。

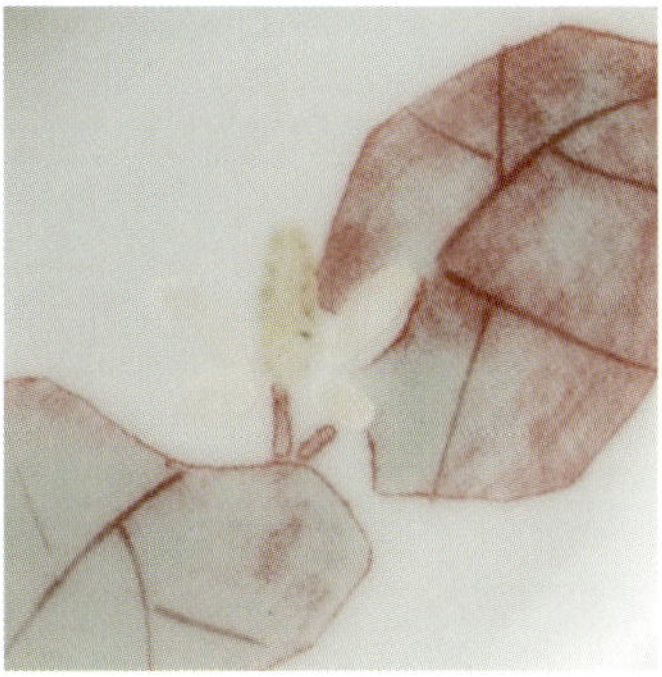

田中 忍 | Shinobu Tanaka

右「釉裏紅 あじさい文 渕どり 小皿」、奥「釉裏紅 あざみ文 渕どり 小皿」、
手前「釉裏紅 どくだみ文 渕どり 小皿」

田中 忍 | Shinobu Tanaka

下／ピンクのゴムでマスキングして釉がけした生地
左頁・上／身近な植物を画用紙にデッサンしてから器に落とし込む

田中 忍 | Shinobu Tanaka

田中忍　略歴

昭和37年　佐賀県嬉野町に生まれる

昭和62年　父、田中一晃に師事

平成11年　佐賀銀行文化財団新人賞受賞

平成19年　日本新工芸展帖佐美行記念賞受賞

作品「白い夏」外務省買い上げ

平成22年　九州山口陶磁展文部科学大臣賞受賞

ほか受賞多数

日展会友

日本新工芸家連盟審議員

佐賀県陶芸協会理事

中尾英純

上／呉須をたっぷりと含ませた濃み筆で和紙染をする
左頁／「和紙染花文小鉢」

Hidezumi Nakao

薄い半紙を型紙にした〝和紙染〟で、藍の幾何学模様を表現

素焼きした生地の上に、正方形や花びらの形に切り抜いた半紙を水に濡らして貼り、その上に呉須を含ませた筆先を置く。すると、半紙全体が一気に呉須に染まる。その後、半紙をピンセットでつまんで剝がすと、まさに型染めしたように、半紙の形どおりに模様が現れる。半紙を剝がす前に、水を含ませた筆先で和紙の縁をなぞると、淡いぼかしが生まれる。

これが、中尾英純さんが得意とする「和紙染」の技法だ。和紙染は京都などほかの陶磁器産地では見られる技法だが、

右上／和紙染とぼかし技法で描いた桜の花
上／大きさの異なる正方形の半紙を重ねて染めると幾何学模様に
左頁／和紙を貼り、その上に筆で呉須を載せる

有田の地ではあまり見られない。「久留《くる》米絣《めがすり》の着物を見て、これを焼物に写したいと思ったのがきっかけです。久留米絣の文様を表現するには、和紙染が合うだろうと思いました」と中尾さんは話す。

通常の染付とは異なり、和紙染は和紙が生む滲みやぼかしによって、独特の味わいをもたらすのが特徴だ。筆で描くよりも、和紙を何枚も重ねることによって深みのある色を出せる。また同じ形の和紙を縦横に連ねていけば、幾何学模様をつくることもできる。中尾さんは藍、濃い藍、緑がかった藍の3色の呉須を使い、優しい花模様や端正な幾何学模様などを、器の上に抽象的に描いていく。

中尾さんは40頁で紹介した中尾恭純さんの弟で、兄とともに中仙窯を運営している。同窯は彼らの父が築いた窯で、元は鞘《さや》などの耐火物を焼いていた。中仙窯という窯名は、彼らの祖父、中尾仙三の頭文字をもらってつけた名前だ。兄が継いだ時から磁器を焼くようになり、現在は窯の商品をつくるかたわらで、2人とも作家として活躍している。

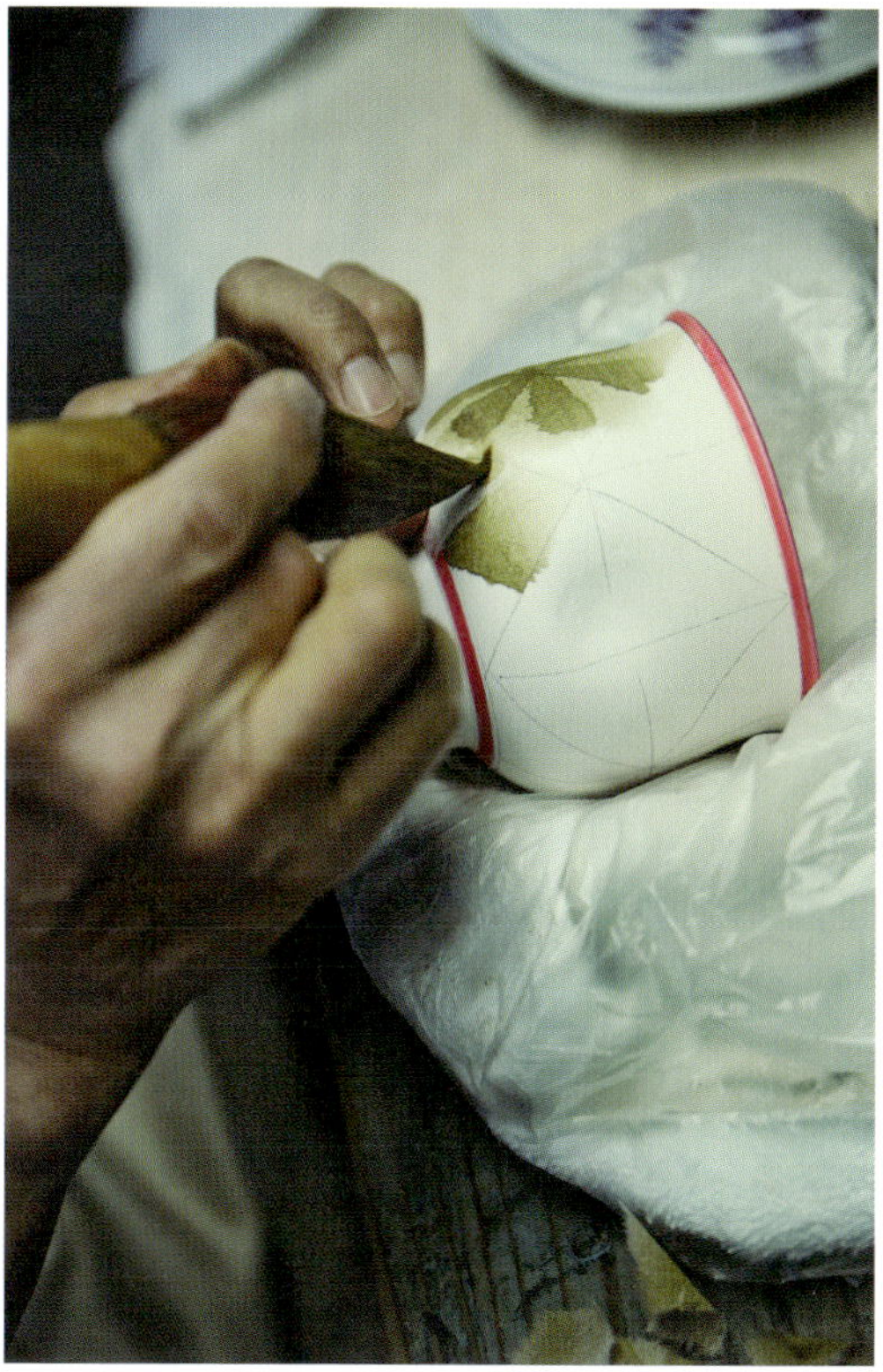

中尾英純 | Hidezumi Nakao

中尾英純 | Hidezumi Nakao

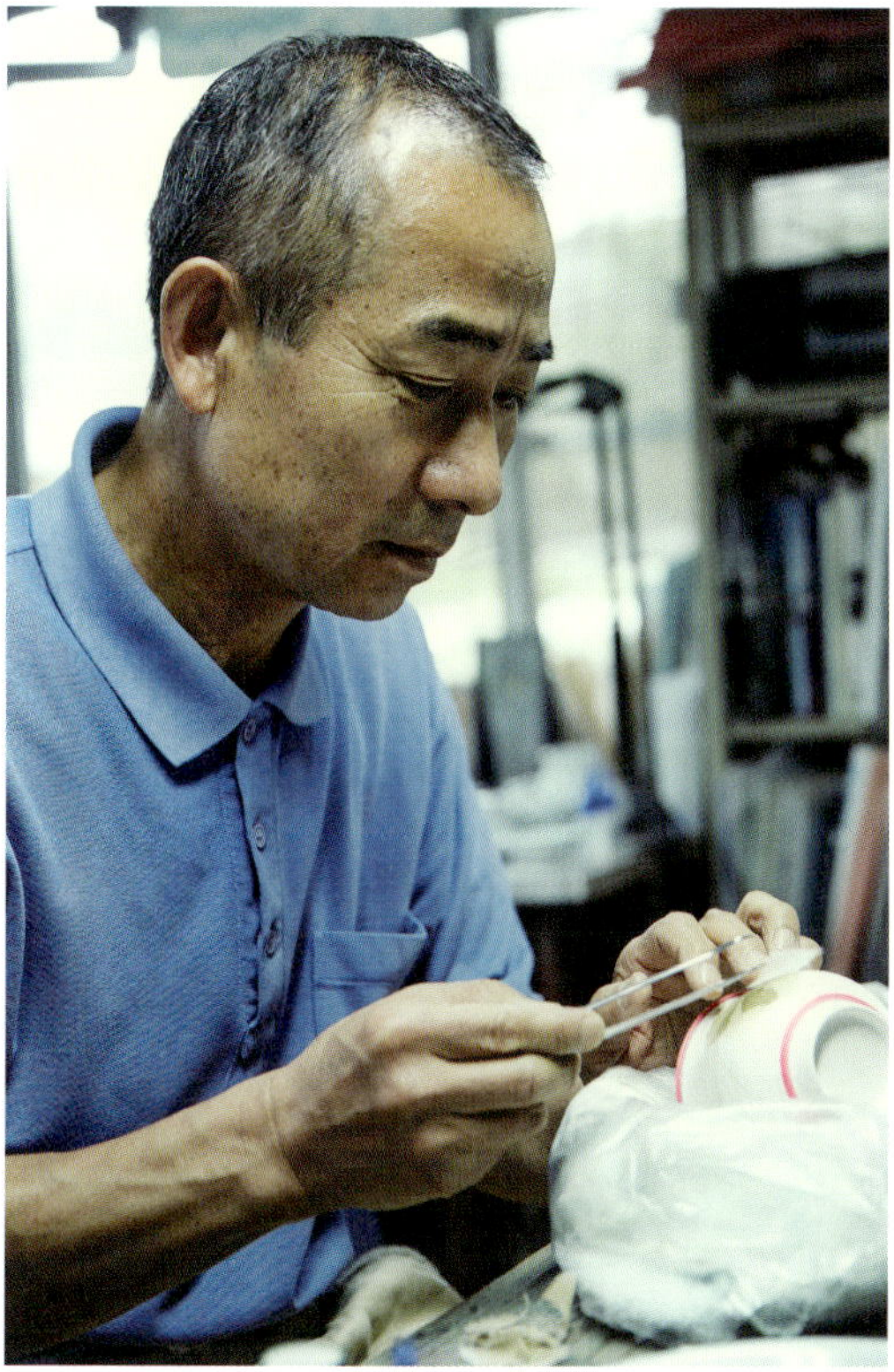

右頁／手前から「和紙染花文小皿」、
「和紙染氷結文五方押小鉢」、
「和紙染ぼかし文小鉢」
左／呉須を載せた後、
和紙をピンセットでつまんで剝がす

中尾さんはかつて伊万里市にある建設会社に勤めていたが、母の願いで実家に戻り、中仙窯に入った。兄が30歳、中尾さんが24歳の時である。佐賀県窯業試験場での研修でロクロ成形を1年間、絵付とデザインを1年間学び、基礎を身に付けた。窯の商品は兄がロクロを挽き、中尾さんが絵付を担当している。

その後、兄と同じように作家として活躍するには、公募展に出品することが必須となった。「日本伝統工芸展に入選してこそ一人前と言われました」と中尾さん。そこで自分の表現として、30歳の時に和紙染に挑戦。32歳で日本伝統工芸展に初入選することができた。

和紙染を得意とするほかの作家に比べると、中尾さんの表現は規則的でシャープな印象を与える。和紙染がもたらす偶然の滲みやぼかしの効果のみに頼るのではなく、鍛錬による正確な描画力が作品に生き生きとした表情を与えているからだ。磁器でありながら、染物のように規則的な濃淡を持つのが、中尾さんがつくる作品の最大の魅力と言える。

中尾英純　略歴

昭和54年　佐賀県窯業試験場にて研修

平成元年　西日本陶芸美術展通産大臣賞受賞

平成4年　日本工芸会正会員認定

平成12年　九州山口陶磁展第2位受賞

大英博物館佐賀県陶芸展に出展

平成13年　佐賀銀行文化財団新人賞受賞

平成19年　NHK『器夢工房～和紙で染める花模様～』出演

平成21年　九州山口陶磁展佐賀新聞社賞受賞

平成27年　日本伝統工芸展入選(過去24回入選)

中尾英純 | Hidezumi Nakao

右頁／ギャラリーには兄、恭純さんの作品とともに大物作品が並ぶ
下／中仙窯の外観

中尾英純 | Hidezumi Nakao

右頁・上／ホウレンソウの白和えや大豆の五目煮など、
何気なく盛った日々の惣菜が和紙染の器に映える
右頁・下／模様が見えるように、小皿や小鉢には少量ずつ盛ると良い。
右は豚肉の野菜巻き、左はオクラとエビのポン酢和えを盛って
上／高台のある小皿は、佐賀名物のごどうふを盛るのにも最適
左／料理をつくった妻とともに

葉山有樹

Yuki Hayama

右頁／鮮やかな色彩の花が緻密に描き込まれた作品
上／一般的な有田焼とはまた違う雰囲気を持つ金彩の作品

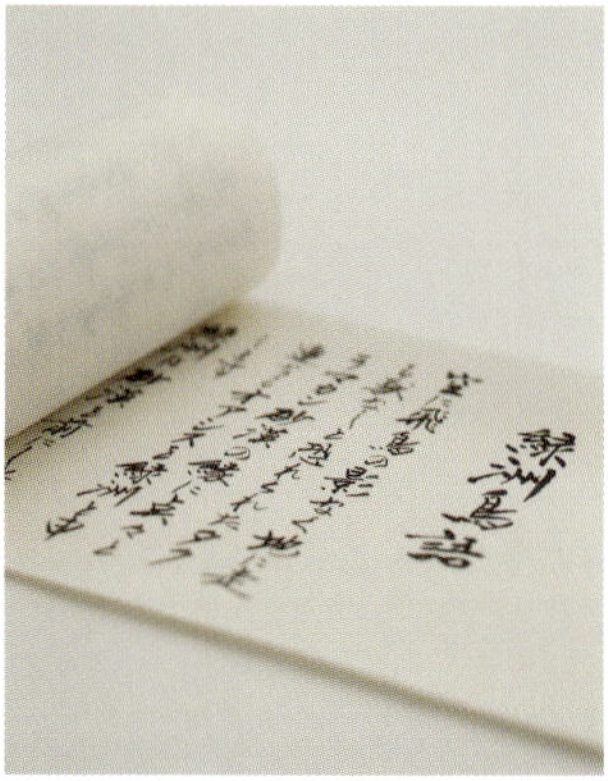

自らの歴史観に基づいた物語を器に広げるため、緻密に絵を描き込む

葉山有樹 | Yuki Hayama

超絶的な細密描画。葉山有樹さんの作品を一言で言い表すとこうだ。器の内外に描かれたモチーフを1つひとつ目で追っていくと、圧倒的な情報量に気が遠くなってくる。有田の地でこれほど微細な絵付を施す作家も窯元も、葉山さんのほかにはいない。眩んだ眼を再び器に戻し、描き込まれた動物や植物の細かな動きや表情をとらえると、これらが作家の意思によって互いに呼応し合い、1つの物語に基づいてうねりを始めるかのように見える。そう、これらは単なる模様の連続

右頁・上／調査や研究をまとめた
資料ノートと、原稿用紙に書かれた小説
右頁・下／作品の由来について
葉山さんが記した「意匠解説書」
上／ギャラリーでは魚草紋の器に
水を垂らす演出がされている
左／下絵付をする葉山さん

ではないのである。

葉山さんは有田町で生まれ育ったが、一般的な作家とは少し異なるスタンスで陶芸活動をしている。むしろ、葉山さんの作品に注目するのは、現代アートの美術館やギャラリー関係者が多い。

「日本の工芸は、芸術性と工業性が融合したものだと言われます。では、芸術性とは何なのか。これは学術と美術の融合だと思うのです。昔にはそうした素地がありましたが、今はそれが薄れています。私が作品づくりで気をつけているのは、表現する本質をしっかりと理解すること。表現の方法は自由ですが、例えば、なぜ器に龍を描くのか。本来、それはどういう意味を成すものなのか。そうした本質を理解していなければ、表現はできないと思っています」と葉山さんは話す。

葉山さんの作品づくりは、地域調査や歴史研究、これらの資料や本を読むことから始まる。しかも自身の歴史観や洞察力によって、調べ上げたことをどう読み解くかが要になると言う。「最終的に、私は1つの小説にまとめます。それが作品

葉山有樹 | Yuki Hayama

右頁／「緑洲鳥語 馬上杯」
右上／下絵付が施された大皿
上／下絵付の段階ですでに細かく描き込まれている

の設計図面となるのです。小説を書くのは、たくさんの調べ上げたことを自分の中でしっかりと消化するための作業。そこから湧いてくる情景を絵に変換して、作品に表現するのです」。葉山さんがこれまでに書いた小説は72本あると言う。

葉山さんは中学を卒業すると、15歳で地元の窯元に就職し、蹴《け》ロクロと絵付の技術を身に付けた。そして23歳で独立。「当時、この歳で独立した人は周りに誰もいません。自身の技をもっと向上させたいという欲が人一倍あったので、夜も一所懸命に働き、他人の2・5倍の仕事量をこなしました。他人がやらない、手の込んだことをやろうと考えたんです」

そうした決意が、超絶的な細密描画へと向かった。細密描画に欠かせないのが豊かな色彩である。現在、5種の鉱物を使って72色を表現するため、最多で12回も焼成すると言う。「絵画に比べると、磁器は極めて難しい表現方法です。いったん人の手を離れ、窯の中に預けるからです。やっかいで思うようにならないからこそ、私は面白いと感じています」

上／山内地区にギャラリーと
工房を設立すると、
海外からも客が訪れる場所に
中／ギャラリーの廊下にも
作品が展示されている
右／工房へと続く廊下には
ロクロで挽いた生地が整然と並ぶ
左頁・中／ギャラリーには
カフェも併設
左頁・下／小部屋ごとに区切られた
ギャラリー

葉山有樹 | Yuki Hayama

葉山有樹　略歴

昭和36年	佐賀県有田町に生まれる
昭和50年	有田町内の窯元にて修業
昭和60年	佐賀県武雄市山内町にて開窯
平成3年	東京アメリカンクラブにて「細密画の世界展」開催
平成8年	執筆活動開始
平成10年	O·A·Gドイツ文化会館にて「葉山有樹展」開催
平成19年	spiralにて「A Pattern Odyssey　葉山有樹展」開催 フィンランドのデザインミュージアムにて 「Ceramics story YUKI HAYAMA EXHIBITION」開催 spiralにて『魚になった少女』出版記念展開催 フィンランドのイッタラ社アラビア窯アートデパートメントに ２年滞在
平成20年	横浜山手西洋館にて 「Neo Japonisme —日仏友好150周年記念展—」開催
平成22年	spiralにて『空飛ぶだんごむし』出版記念展開催
平成23年	spiralにて 「KAITEKIのかたち～アートと技術の化学反応～展」開催
平成24年	金沢21世紀美術館にて「工芸未来派」開催
平成26年	「道後オンセナート2014」参加
平成27年	米国・ニューヨークの The Museum of Arts and Designにて 「Japanese Kogei Future Foward」開催

有田焼陶芸作家の技能と感性の系譜

陶芸作家に欠かせないのが、作陶の技能と感性である。ロクロ成形や絵付などの確かな技術があって初めて、感性を自己表現として開花させることができる。では、彼らはこうした技能や感性をどのように身に付けるのだろうか。有田には、佐賀県立有田窯業大学校という専修学校があり、伝統工芸士や陶芸作家が後進の指導に当たっている。本書に登場する陶芸作家の中にも、こうした公的な教育機関で技能や感性の基礎を学んだ者は少なくない。さらに、卓越した技能を身に付けるために、あるいは自らの感性を研ぎ澄ますために、師に直接学ぶこともある。有田の地では、多くの陶芸作家がこうした師弟関係の中で技能や感性を今日まで引き継いでいる。

後頁の図は、本書に登場する陶芸作家がどんな陶芸作家や伝統工芸士に師事したかを解き明かした系譜である。また、その師はさらにどんな師について学んだのかも追跡した。つまり、有田焼陶芸作家の技能と感性の系譜の1つと言える。

この中で最も大きな流れは、白磁・ロクロ成形の系譜である。ここで大きな役割を負ったのが、初代奥川忠右エ門さんである。20世紀中頃に、一切の妥協を許さず、最高峰の白磁をつくる名工として活躍した彼は、井上萬二さん、中村清六さん、青木龍山さん、奥川俊右衛門さんら、優れた陶芸作家たちを育てた。彼のこの功績と影響は絶大だ。白磁・ロクロ成形にとどまらず、伝統工芸士、陶芸作家としての彼に薫陶を得た者は、有田の

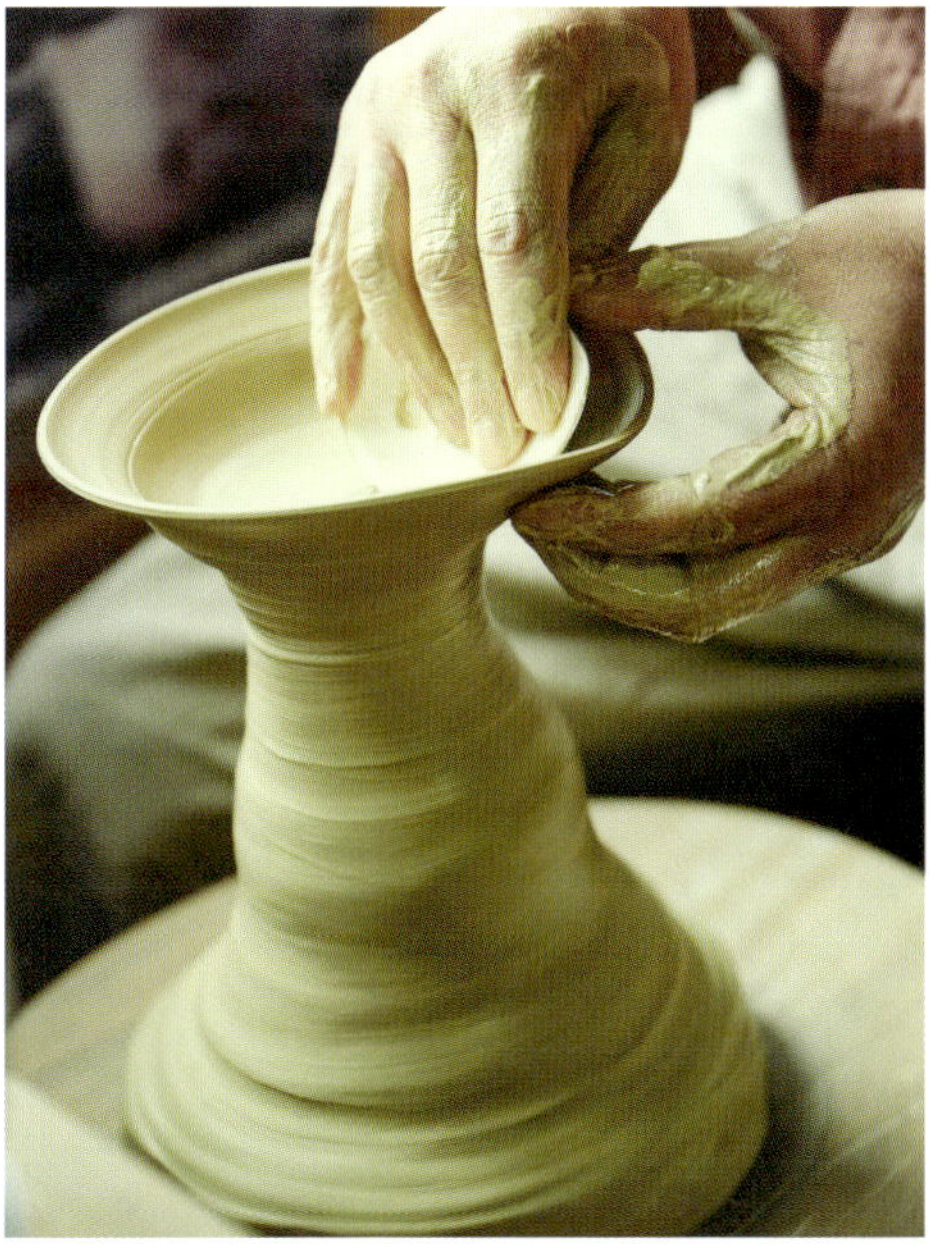

地には数知れない。まさに、有田焼20世紀の〝巨人〟と言える。

初代奥川忠右エ門さんに師事した者たちは、さらに多くの陶芸作家や伝統工芸士を育てている。この図を見る限りでも、流れが一層広がっていることが分かる。直接もしくは間接に、作陶に関わる者たちに今も影響を与え続けているのである。

教えを忠実に守り、伝統を引き継ぐ者。教えを大切にしながら、自らの表現を模索する者。その姿は様々だが、正しい工程を大切にし、技に妥協を許さない姿勢は守られ続けている。有田の地で、土と炎と人の手の力が〝珠玉の器〟を生み続ける理由は、こんなところにある。

下川一哉

有田焼陶芸作家系譜

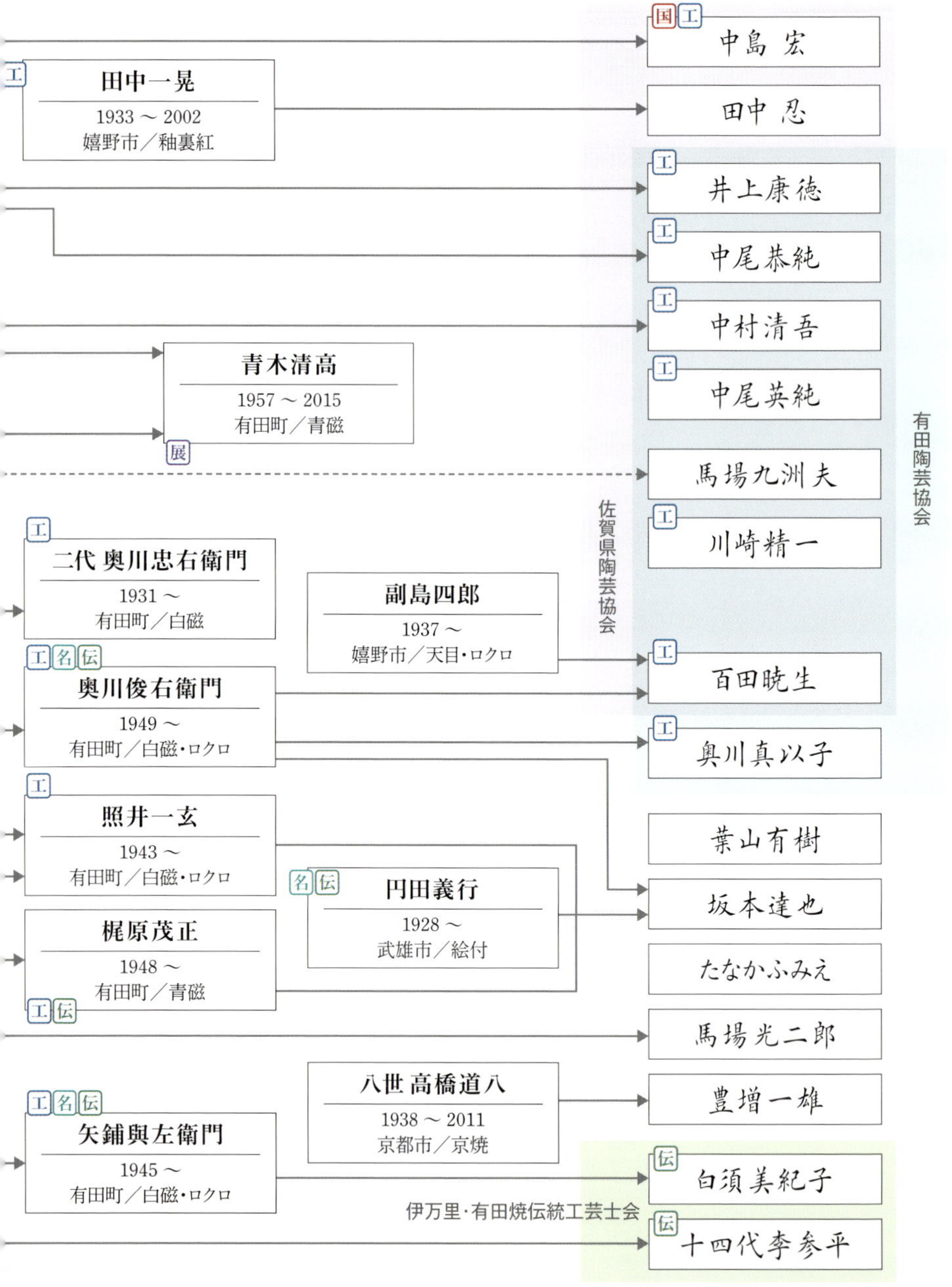

国 工 中島 宏
工 田中一晃 1933 ～ 2002 嬉野市／釉裏紅
田中 忍
工 井上康徳
工 中尾恭純
工 中村清吾
青木清高 1957 ～ 2015 有田町／青磁 展
工 中尾英純
馬場九洲夫
工 川崎精一
工 二代 奥川忠右衛門 1931 ～ 有田町／白磁
副島四郎 1937 ～ 嬉野市／天目・ロクロ
工 百田暁生
工 名 伝 奥川俊右衛門 1949 ～ 有田町／白磁・ロクロ
工 奥川真以子
工 照井一玄 1943 ～ 有田町／白磁・ロクロ
葉山有樹
名 伝 円田義行 1928 ～ 武雄市／絵付
坂本達也
梶原茂正 1948 ～ 有田町／青磁 工 伝
たなかふみえ
馬場光二郎
八世 高橋道八 1938 ～ 2011 京都市／京焼
豊増一雄
工 名 伝 矢鋪與左衛門 1945 ～ 有田町／白磁・ロクロ
伝 白須美紀子
伝 十四代李参平
佐賀県陶芸協会
有田陶芸協会
伊万里・有田焼伝統工芸士会

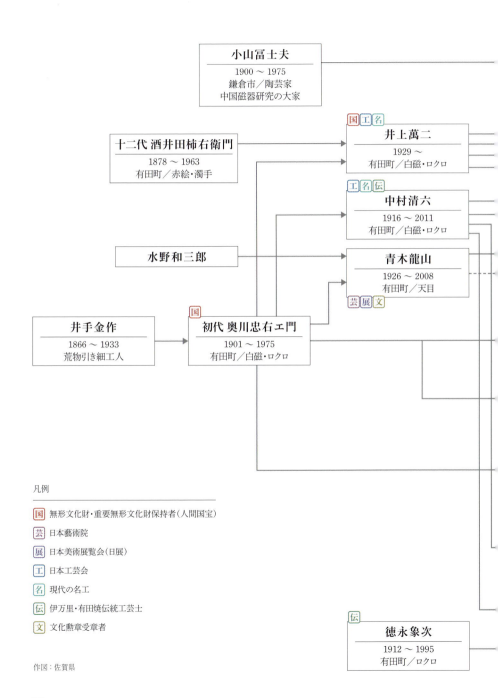

小山冨士夫
1900 〜 1975
鎌倉市／陶芸家
中国磁器研究の大家

十二代 酒井田柿右衛門
1878 〜 1963
有田町／赤絵・濁手

国 工 名
井上萬二
1929 〜
有田町／白磁・ロクロ

工 名 伝
中村清六
1916 〜 2011
有田町／白磁・ロクロ

水野和三郎

青木龍山
1926 〜 2008
有田町／天目
芸 展 文

井手金作
1866 〜 1933
荒物引き細工人

国
初代 奥川忠右エ門
1901 〜 1975
有田町／白磁・ロクロ

伝
徳永象次
1912 〜 1995
有田町／ロクロ

凡例

- 国 無形文化財・重要無形文化財保持者（人間国宝）
- 芸 日本藝術院
- 展 日本美術展覧会（日展）
- 工 日本工芸会
- 名 現代の名工
- 伝 伊万里・有田焼伝統工芸士
- 文 文化勲章受章者

作図：佐賀県

有田焼陶芸作家・窯元一覧

百田暁生
in blue 暁
佐賀県西松浦郡有田町黒牟田丙3499-6
☎0955-42-3987
ギャラリー営業時間／10：00～17：00　不定休

中村清吾
清六窯
佐賀県西松浦郡有田町南原甲1101
☎0955-42-2432
ギャラリー営業時間／10：00～17：00　不定休

奥川真以子
奥川俊右衛門窯
佐賀県西松浦郡有田町中樽2丁目9-3
☎080-5213-2157
ギャラリー営業時間／9：00～17：00　不定休
*要連絡

川崎精一
精華窯
佐賀県西松浦郡有田町北ノ川内丙592-17
☎0955-46-5356
営業時間／8：00～17：00　不定休

中尾恭純
中仙窯
佐賀県西松浦郡有田町桑古場乙2395-1
☎0955-42-2856
ギャラリー営業時間／10：00～17：00
1月1日～5日・盆休み

井上康徳
井上萬二窯
佐賀県西松浦郡有田町南山丁307
☎0955-42-4438
ギャラリー営業時間／8：30～17：30
年末年始・盆休み

白須美紀子
矢鋪與左衛門窯
佐賀県西松浦郡有田町岳
☎0955-46-4925　http://yozaemongama.com
ギャラリー営業時間／9：00～17：00　不定休

馬場光二郎
文祥窯
佐賀県伊万里市二里町大里甲1561-22
☎0955-22-3825
ギャラリー営業時間／10：00～17：00　不定休
*要連絡

豊増一雄
陶房七〇八
佐賀県西松浦郡有田町南山丁709-4
☎0955-43-3896　http://tb708.com
ギャラリー営業時間／10：00～17：00　不定休
*要連絡

十四代李参平
陶祖李参平窯
佐賀県西松浦郡有田町幸平2-1-3
☎050-1099-9432
ギャラリー営業時間／11：00～17：00　不定休
*要連絡

坂本達也
坂本窯陶工房
佐賀県有田町黒牟田3127-1
☎0955-43-4615　http://www.sakamoto-kama.com
ギャラリー営業時間／12：00～17：00　不定休
*要連絡

馬場九洲夫
真右エ門窯
佐賀県西松浦郡有田町南原甲200番地
☎0955-42-6278　http://www.sinemon.com
ギャラリー営業時間／8：00～18：00　年末年始休み

たなかふみえ
佐賀県西松浦郡有田町上幸平2-4-5
☎080-1703-6981
*工房見学は要予約

田中　忍
一位窯
佐賀県嬉野市嬉野町下宿甲1823-1
☎0954-42-0867
ギャラリー営業時間／10：00～18：00　不定休

中尾英純
中仙窯
佐賀県西松浦郡有田町桑古場乙2395-1
☎0955-42-2856
ギャラリー営業時間／10：00～17：00
1月1日～5日・盆休み

葉山有樹
YUKI HAYAMA STUDIO
佐賀県武雄市山内町大字宮野字小路1456
スタジオ ☎0954-45-2245
ギャラリー＆カフェ ☎0954-45-0520
http://www.yukihayama.jp
ギャラリー＆カフェ営業時間／11：00～17：00　月曜休

中島　宏
弓野窯
佐賀県武雄市西川登町大字小田志14982
☎0954-28-2068

珠玉の器紀行マップ

有田焼は、佐賀県有田町をはじめ、伊万里市、武雄市、嬉野市一帯で焼かれる焼物を指す。したがって有田町を中心にしながらも、実に広範囲にわたって作家の工房とギャラリーが点在し、集積している。有田へ出かけるなら、地区ごとに巡る計画を立ててみよう。まずは有田町をじっくりと堪能したら、気になる作家のギャラリーがある地区へ足を延ばすといった旅程がおすすめ。

メインエリア

二里町大里地区

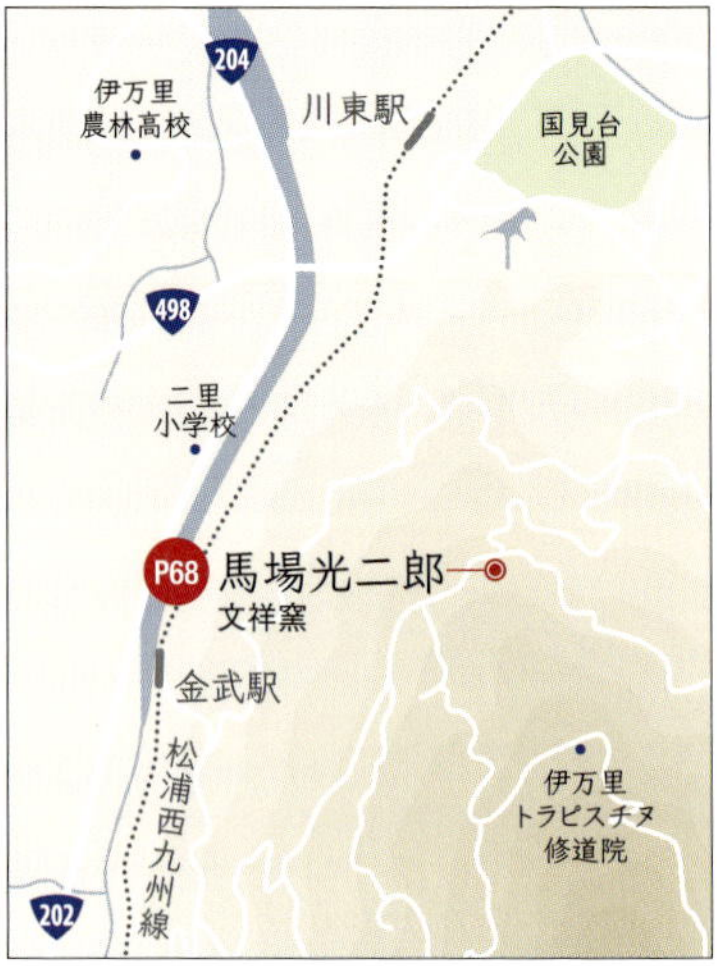

弓野地区

嬉野町下野地区

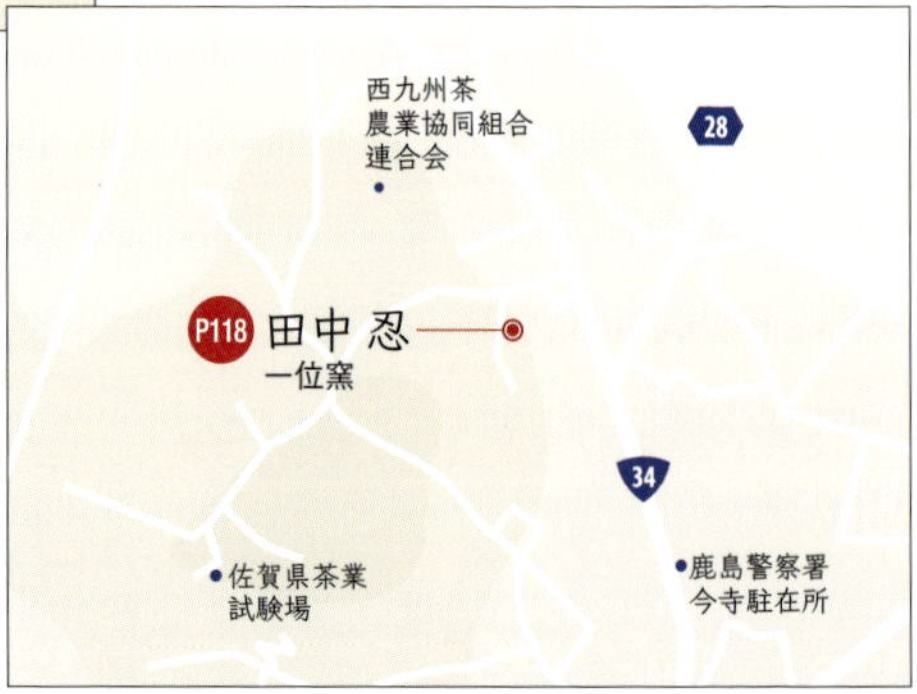

ARITA AREA MAP

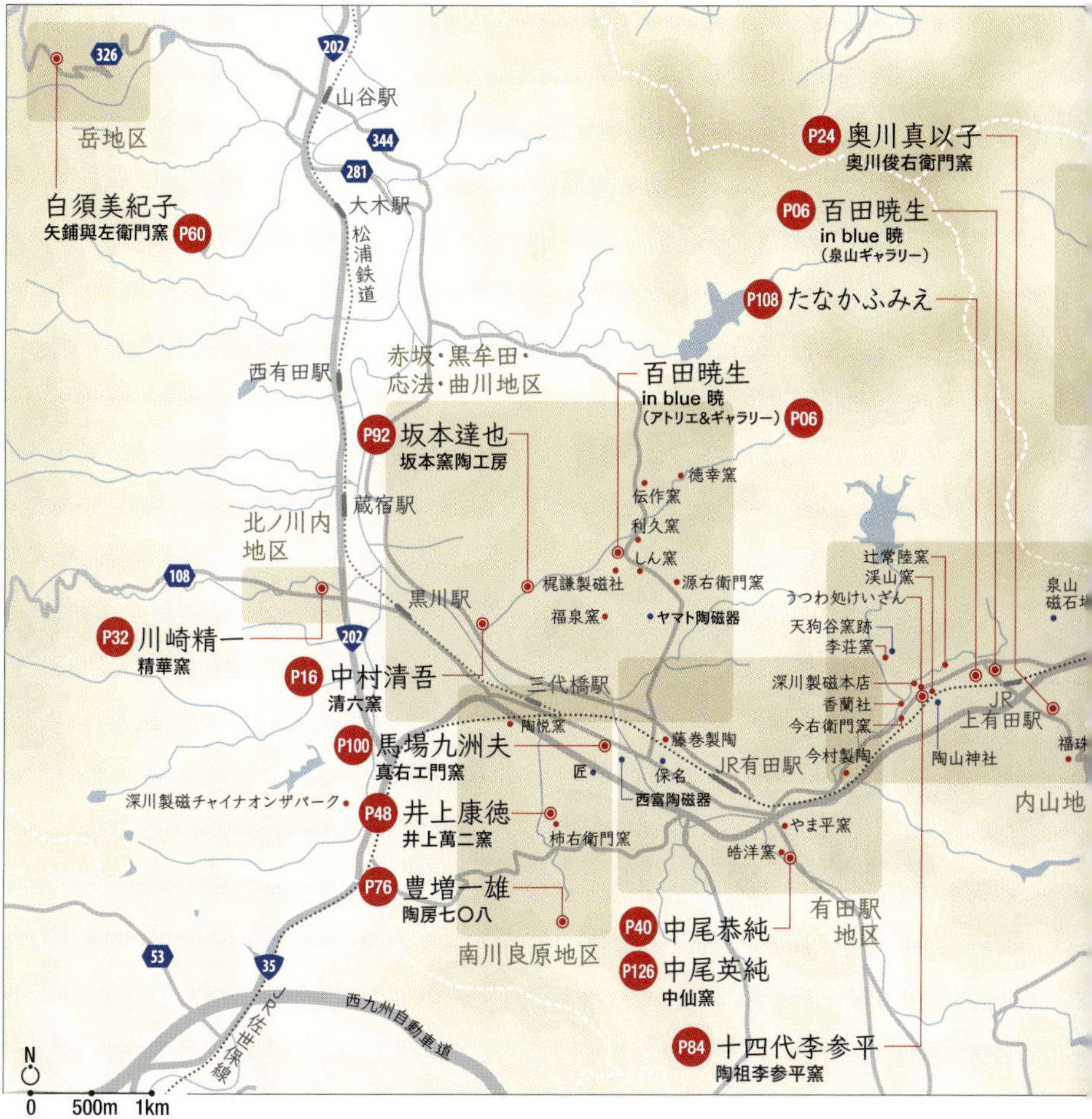

＊前書『きんしゃい有田豆皿紀行』で紹介した窯元も記しました。併せてご参照ください。

あとがき

日本の磁器発祥の産地「有田」は、400年の歴史の中で様々な変化と進化を遂げてきました。

この産地を深く知ることで、モノづくりに対する日本人の真摯な姿勢や思想が見えてきます。日本という小さな国には、こうした産地が数多くあります。有田に限らず、これら1つひとつの産地が日本の大切な資源であり、宝物のような気がしてなりません。

モノを生み出し使う人に届けるというシンプルな形の産業が、これからも日本各地にあり続けてほしいと心の底から願っています。そのためには、モノを使う人がモノを作る人に興味を持ち、その現場を知り、そして両者が出会うことがいま必要です。使い手と作り手がモノを介しながら、モノを超えたつながりを持つことで、豊かな暮らしと産業が育まれます。私は「きんしゃい有田」を通して、このことの大切さを皆さんに伝えたいのです。

アッシュコンセプト　代表取締役　名児耶秀美

きんしゃい有田《ありた》 珠玉《しゅぎょく》の器《うつわ》紀行《きこう》

2016年10月3日　初版発行

編　者　ARITA SELECTIONプロジェクト
発行者　小林圭太
発行所　株式会社 CCCメディアハウス
〒153-8541 東京都目黒区目黒1-24-12
電話　販売(03) 5436-5721
　　　編集(03) 5436-5707

印刷・製本所　慶昌堂印刷 株式会社

ISBN978-4-484-16224-9
Printed in Japan

企　画　佐賀県有田焼創業400年事業実行委員会
ARITA SELECTIONプロジェクト

プロデュース　名児耶秀美・砂口あや・藤田 吏（h concept）

編集・文　下川一哉・杉江あこ（意と匠研究所）

取材写真　高橋宏樹（HIROKI TAKAHASHI STUDIO）

作品写真　實重 浩（CRAYGPHOTO）

デザイン・装丁　小村裕一（CY）

広　報　夏目康子（Lepre）

地図作成　デザインワークショップ ジン

http://www.kinsyai-arita.jp